Abschiebungen

Dietmar Meier

Abschiebungen

Geometrie und Entwicklung von
Störungen im Extensionsregime

143 Einzeldarstellungen

 Ferdinand Enke Verlag Stuttgart 1993

Dr. rer. nat. Dietmar Meier
Stettiner Straße 14
30938 Burgwedel

Die Deutsche Bibliothek – CIP-Einheitsaufnahme

Meier, Dietmar:
Abschiebungen : Geometrie und Entwicklung von Störungen im
Extensionsregime / von Dietmar Meier. – Stuttgart : Enke, 1993
  ISBN 3-432-25551-9

Das Werk, einschließlich aller seiner Teile, ist urheberrechtlich geschützt. Jede Verwertung ist ohne
Zustimmung des Verlages außerhalb der engen Grenzen des Urheberrechtsgesetzes unzulässig und
strafbar. Das gilt insbesondere für Vervielfältigungen, Übersetzungen, Mikroverfilmungen und die
Einspeicherung und Verarbeitung in elektronischen Systemen.

© 1993 Ferdinand Enke Verlag, P.O. Box 30 03 66, D-70443 Stuttgart
Printed in Germany
Druck: Druckerei Maisch + Queck, D-70839 Gerlingen   5 4 3 2 1 0

Vorwort

Ausgelöst durch die sprunghafte Entwicklung in der Seismik, die immer detailliertere Informationen über die Struktur des Untergrundes selbst in kompliziert gebauten Regionen liefert, hat die Erforschung von Bruchstrukturen in den letzten Jahren wiederum einen beachtlichen Aufschwung erfahren. Während sich das Interesse anfangs vorwiegend auf Störungsphänomene konzentrierte, die durch seitliche Kompression verursacht werden, hat sich der Schwerpunkt der Untersuchungen inzwischen mehr und mehr zu Abschiebungen hin verlagert, die eine Folge von Ausweitungsvorgängen in der oberen Erdkruste sind. Beigetragen zu dieser Entwicklung hat nicht zuletzt die enorme Bedeutung solcher Störungen für die Exploration auf Erdöl- und Erdgaslagerstätten insbesondere in Riftbereichen und an den Kontinentalrändern. Regionale Untersuchungen und eine Vielzahl von Modellexperimenten erbrachten in den letzten Jahren eine Fülle neuer Daten und Erkenntnisse über die Art und Weise, in der sich Abschiebungen und Abschiebungssysteme entwickeln. Mit der vorliegenden Publikation soll interessierten Geowissenschaftlern eine aktuelle Übersicht zum Thema Abschiebungen zur Verfügung gestellt werden. Merkmale von Abschiebungen werden näher beschrieben, geometrische und genetische Zusammenhänge bei ihrer Entstehung aus geologischer Sicht erläutert. Die Publikation wurde nicht für Spezialisten auf dem Gebiet der Bruchdeformation von Gesteinen konzipiert, sondern soll auch Studenten der Geowissenschaften und Geowissenschaftlern, die noch über keine speziellen Kenntnisse in diesem Bereich verfügen, einen schnellen Einstieg in die Thematik ermöglichen. Andererseits dürften auch Experten von dem umfangreichen Bildmaterial natürlicher Bruchstrukturen profitieren, mit dem hier wichtige Phänomene dokumentiert werden. Vervollständigt wird die Publikation von einem umfassenden Verzeichnis weiterführender Literatur, da wegen des von vornherein begrenzten Umfanges eine Reihe von Aspekten nur kurz umrissen werden konnten.

Gedankt sei an dieser Stelle M. BADLEY, J.-C. DULCE, R. H. GABRIELSEN und M. K. JENYON, die Originale einiger seismischer Profile für die Reproduktion zur Verfügung stellten, ebenso H.-J. BAYER und J. THEISSEN, die eigene, bislang unveröffentlichte Aufschlußfotos beisteuerten. P. KRONBERG stellte freundlicherweise Luftbilder aus der Afar bereit. W. POPPE danke ich für seine Unterstützung beim Setzen des Textes. Dank gilt auch M. HUBER für manche anregende Diskussion und nicht zuletzt G. MANDL, der in vielen gemeinsamen Gesprächen stets bemüht war, zufriedenstellende Antworten auf meine zahlreichen Fragen zum Thema zu finden.

Burgwedel, im März 1993

D. MEIER

Inhalt

1	**Allgemeines zum Begriff Störung**	1
2	**Erläuterungen zum Begriff Extension**	4
2.1	Einleitung	4
2.2	Extension bei spröder und duktiler Verformung	4
2.3	Extensionsbedingungen	10
2.4	Geologische Ursachen von Extensionsvorgängen	14
3	**Allgemeines zu Untersuchungen an Abschiebungen**	18
4	**Geometrie einer Abschiebung**	23
4.1	Das Grundmodell	23
4.2	Modifikationen des Grundmodells	36
4.2.1	Asymmetrische Geometrien	36
4.2.2	Segmentstrukturen	39
4.2.3	Besondere Störungsformen	43
4.2.4	Variationen im Verlauf und in der Termination einer Abschiebung	45
4.3	Das Material in der Störungsbahn	51
5	**Architektur von Störungsnetzen**	55
5.1	Einige Grundbegriffe	55
5.2	Verschiebungen entlang unregelmäßig verlaufender Störungsflächen	57
5.3	Schollenrotationen	63
5.4	Konjugierte Abschiebungen	74
5.5	Flexuren	83
5.6	Das Inventar der Hangendscholle listrischer Abschiebungen	87
5.7	Transferzonen	96
5.8	Reaktivierung bankrechter Klüfte	101
5.9	Einige Formen von Abschiebungsnetzen im Kartenbild	105
5.10	Schnitteffekte	107
6	**Reaktivierung von Abschiebungen unter Kompressionsbedingungen**	110
Literatur		117
Sachregister		140

1 Allgemeines zum Begriff Störung

Den vielfältigen Bruchstrukturen der oberen Erdkruste galt stets ein besonderes geowissenschaftliches Interesse aus dem Bestreben, die Struktur und den Ablauf von Verformungsprozessen in der Erdkruste besser verstehen zu lernen. In den frühen Forschungsarbeiten wurden zunächst einfache geometrische Kriterien herangezogen, um die beobachteten Phänomene zu klassifizieren. Dabei wurden Grundbegriffe eingeführt, die ihre Bedeutung bis heute im wesentlichen beibehalten haben. Hierzu zählt die Unterteilung geologischer Bruchstrukturen in **Klüfte** (joints) und **Störungen** (faults), wie sie HANS CLOOS in seiner inzwischen schon klassischen Definition formulierte (CLOOS 1936). Bruchstrukturen im Gestein, an denen keine Verschiebung erkennbar ist, werden danach bekanntlich als Klüfte, Bruchstrukturen, an denen eine meßbare Verschiebung von Gesteinsschollen stattgefunden hat, als Störungen bezeichnet (Abb. 1). Von einer **Störungszone** (fault zone) wird gesprochen, wenn sich die Gesamtverschiebung auf eine Anzahl kleinerer, teilweise miteinander verbundener Störungen innerhalb eines eng begrenzten Bereiches verteilt (Abb. 1).

Näher beschreiben läßt sich die Verschiebung (displacement) an einer Störung, wenn zwei Punkte gefunden werden, die ehemals in Kontakt waren und anschließend an der betreffenden Störung versetzt wurden (Abb. 2). Traditionell wird der Gesamtversatz (v) dann vektoriell in einzelne Komponenten zerlegt. Im allgemeinen Fall ist die Angabe der Verschiebungsweiten im Streichen (h) und im Einfallen der Störung (w) erforderlich. Zusätzlich kann die Verschiebung in Einfallsrichtung in eine horizontale (s) (heave) und eine vertikale Komponente (t) (throw) aufgeteilt werden.

Nach dem relativen Bewegungssinn an der Trennfläche werden Störungen üblicherweise in drei Grundformen untergliedert (Abb. 3). Bei den ersten beiden Typen erfolgt die Verschiebung in Richtung des Einfallens der Störung (dip-slip faults). Im Falle einer **Abschiebung** (normal fault) bewegt sich die **Hangendscholle** (der Block oberhalb der Störung, hanging wall), abwärts relativ zur **Liegendscholle** (footwall). Bei einer **Auf-** bzw. **Überschiebung** (reverse fault bzw. thrust fault) ist der Bewegungssinn genau entgegengesetzt (Hangendscholle relativ aufwärts). Bei einer **Seiten-** bzw. **Blattverschiebung** (strike-slip fault) schließlich findet eine Verschiebung in Richtung des Streichens der Trennfläche statt. Allerdings ist diese Klassifikation

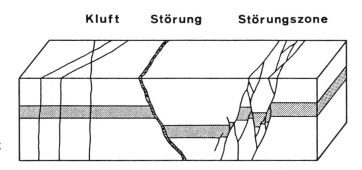

Abb. 1 Kluft, Störung und Störungszone.

2 Allgemeines zum Begriff Störung

nur dann eindeutig, wenn die Neigung der gestörten Schichtfolge gering ist. Andernfalls ergeben sich bei der Wahl der Bezeichnung verschiedene Möglichkeiten, wie Abb. 4 verdeutlicht. Skizziert sind auf der rechten Seite verstellte Schichten, die von einer Störung versetzt werden. Zu dieser 'aktuellen' Situation führen zwei unterschiedliche **Deformationspfade** (deformation paths). So kann die Störung bei einem **Einengungsvorgang** entstanden sein, bei dem sie eine vorher verstellte oder gefaltete Schichtfolge durchtrennt (oberer Pfad). Sie kann aber ebenso bei einem **Ausweitungsvorgang** als 'frühe' Abschiebung angelegt und nachfolgend mit den Schichten verkippt worden sein (unterer Pfad). In diesem Fall wäre es wenig sinnvoll, den Begriff Aufschiebung zu verwenden, da dieser gedanklich meist mit seitlicher Kompression in Verbindung gebracht wird. Eindeutiger ist dann die Bezeichnung rotierte Abschiebung, die auch den **genetischen** Bezug beinhaltet.

Die heutigen Kenntnisse über **mechanische** Zusammenhänge bei Bruchprozessen im Gestein beruhen zum großen Teil auf Ergebnissen von Laborexperimenten, bei denen Gesteinsproben geringer Größe bis über die Grenze ihrer Bruchfestigkeit hin-

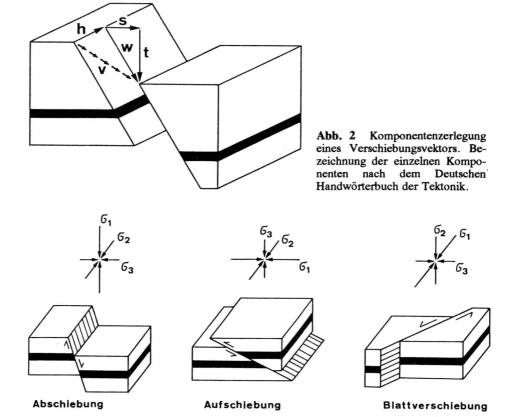

Abb. 2 Komponentenzerlegung eines Verschiebungsvektors. Bezeichnung der einzelnen Komponenten nach dem Deutschen Handwörterbuch der Tektonik.

Abschiebung   **Aufschiebung**   **Blattverschiebung**

Abb. 3 Klassifikation von Störungen nach ihrem relativen Verschiebungssinn. Spannungszustände bei der Entstehung der verschiedenen Störungsformen nach ANDERSON (1951).

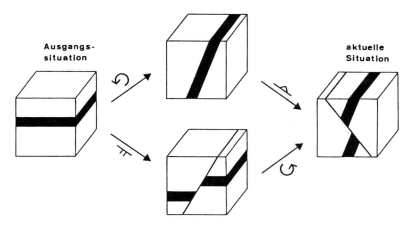

Abb. 4 Zur Bezeichnung von Störungen in verstellten Schichten.

aus belastet wurden. Bei vielen solcher Versuche, die unter höherem Umlagerungsdruck (confining pressure) ausgeführt wurden, trat der Bruchvorgang ein, als die **Differentialspannung** (die Differenz zwischen der größten Hauptspannung σ_1 und der kleinsten Hauptspannung σ_3) (differential stress) einen **Maximalwert** erreichte. Zu diesem Zeitpunkt entstanden in der Gesteinsprobe **Scherbrüche** (shear fractures), deren Raumlage von der Orientierung der Hauptspannungen kontrolliert wurde. Für viele Fälle kann das Auftreten solcher Scherbrüche sowohl im Labor als auch im Gelände mit Hilfe des MOHR-COULOMBschen Bruchkriteriums genauer bestimmt werden (JAEGER & COOK 1976, MANDL 1988). Nach ANDERSONs wegweisender Publikation (1951) wurden die Laborbefunde auch verstärkt bei der Interpretation geologischer Bruchphänomene berücksichtigt. So sah ANDERSON Störungen als natürliches Äquivalent zu den experimentell erzeugten Scherbrüchen an und brachte ihre Grundformen mit unterschiedlichen tektonischen Spannungsfeldern in Verbindung. Nach seiner Klassifizierung ist im Fall einer Abschiebung σ_1 vertikal gerichtet, im Fall einer Aufschiebung σ_3 und im Fall einer Blattverschiebung σ_2 (Abb. 3). Die Schnittlinie **konjugierter** Störungen (conjugate faults) verläuft demnach parallel zur σ_2-Achse und der Verschiebungsvektor in der σ_1/σ_3-Ebene.

2 Erläuterungen zum Begriff Extension

2.1 Einleitung

Mit dem sprunghaft angestiegenen Interesse an bruchtektonischen Problemen zum Beginn der achtziger Jahre fand auch die strukturelle Entwicklung solcher Regionen mehr und mehr Beachtung, in denen geologische Prozesse zu einer beträchtlichen **horizontalen Ausweitung** oder **Extension** geführt hatten. Dahinter standen vor allem wirtschaftliche Beweggründe, die verstärkten Anstrengungen bei der Aufsuchung und Erschließung von Erdöl- und Erdgas-Lagerstätten in solchen Gebieten. Arbeiten von WERNICKE & BURCHFIEL (1982), GIBBS (1983), ANGELIER & COLLETTA (1983) und andere lenkten die Aufmerksamkeit schnell auf die besondere Rolle, die Störungen bei den Ausweitungsvorgängen in einigen Schlüsselgebieten spielten. In der Folgezeit wurde eine stetig wachsende Zahl regionaler Studien, analytischer und experimenteller Arbeiten zum Thema publiziert. Es entwickelte sich eine eigenständige Arbeitsrichtung in der Strukturgeologie, die im englischsprachigen Raum allgemein als 'extensional tectonics' bezeichnet wird. Dieser Begriff ist inzwischen so sehr zum Schlagwort geworden, daß er von vielen Fachkollegen als 'Extensionstektonik' direkt in die deutsche Sprache übernommen wurde.

2.2 Extension bei spröder und duktiler Verformung

In der mechanisch weitgehend spröde (brittle) reagierenden oberen Erdkruste wird eine seitliche Ausweitung zum überwiegenden Teil durch bruchhafte Verformung, durch die Bildung von Abschiebungen und die damit verbundenen Schollenbewegungen bewirkt. Die geometrischen Merkmale von Abschiebungen, ihre Bildungs- und Funktionsweise sind daher das zentrale Thema der Extensionstektonik. Abb. 5 verdeutlicht die Wirkung von Abschiebungen am Beispiel einer Schichtfolge, die von 3 Störungen durchtrennt wird. Mit dem Absinken der beiden mittleren Teilschollen werden die Endpunkte A und B zu den Positionen A' und B' verschoben. Ihr Abstand L' ist um einiges größer als der Abstand A-B vor der Bruchdeformation. Zu dieser Längenänderung trägt jede Störung einen gewissen Anteil bei, der der Horizontalkomponente s ihres Verschiebungsvektors (Abb. 2) entspricht. Rechnerisch kann dieser (der Ausweitungsbetrag an jeder einzelnen Störung) ermittelt werden, wenn die genaue Verschiebungsweite parallel zur Störung (Strecke w in Abb. 2) und der Einfallswinkel α der Störung bekannt sind:

$$s = w \cdot \cos\alpha$$

Bei gleichem Verschiebungsbetrag w bewirken Abschiebungen mit geringerem Einfallen eine größere Ausweitung als Abschiebungen mit größeren Einfallswinkeln (Abb. 5C).

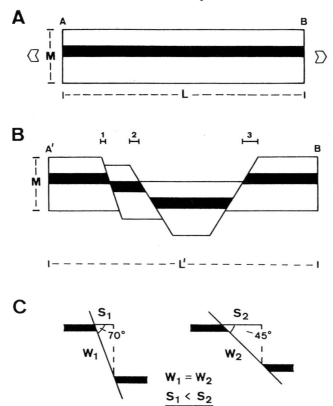

Abb. 5 Extension einer Gesteinsfolge unter Mitwirkung von Abschiebungen. L: Länge vor der Verformung, L': Länge nach der Verformung. Die Strecken 1, 2 und 3 in (B) bzw. s_1 und s_2 in (C) zeigen den Anteil, den die einzelnen Störungen zur Ausweitung beitragen.

Der Gesamtbetrag ΔL, um den die Strecke L in Abb. 5A bei der Bruchdeformation erweitert wurde, ergibt sich aus der Summe der Horizontalkomponenten aller vorhandenen Abschiebungen:

$$\Delta L = \Sigma s_x = s_1 + s_2 + s_3$$

International wird zur Beschreibung von Längenänderungen üblicherweise die Kennziffer *e* (die 'Extension') verwendet (RAMSAY & HUBER 1983). Sie ist definiert als Verhältnis zwischen der Längenänderung und der ursprünglichen Länge einer Strecke:

$$e = \frac{\Delta L}{L} = \frac{L'-L}{L}$$

Abb. 6 Parallele Abschiebungen in Schmelzwassersedimenten mit erkennbaren Veränderungen des Versetzungsbetrages in der Einfallsrichtung (Foto eines Lackfilmes). Entlang der Linie O-O' ist der Extensionsbetrag um einiges größer als entlang der Linie P-P'.

Bei Ausweitungsvorgängen nimmt e, wie aus dieser Gleichung leicht zu ersehen ist, generell positive Werte an (L' ist dann stets größer als L). Hingegen wird e negativ, wenn sich eine Strecke bei einer Deformation infolge seitlicher Kompression verkürzt. Wird e mit 100 multipliziert, ergibt sich der Prozentanteil der Längenänderung, die **relative Extension**.

Da sich der Verschiebungsbetrag entlang einer Störung systematisch ändert (Abschn. 4.1), kann es ohne weiteres sein, daß innerhalb eines Gebietes in verschiedenen Höhenniveaus unterschiedliche Extensionsbeträge festgestellt werden (beispielsweise auf verschiedenen Strossen eines Steinbruchs). Abb. 6 zeigt ein Profilbeispiel, auf dem solche räumlichen Unterschiede bereits im Meter-Bereich erkennbar sind. Ferner ist bei Messungen des Extensionsbetrages zu berücksichtigen, daß neben reinen Translationsbewegungen auch Schollenrotationen zu einer Extension beitragen können (Abschn. 5.3).

Eine seitliche Ausweitung kann auch auf eine andere prinzipielle Weise - durch **duktile** (ductile) Verformung - erreicht werden. In diesem Fall weicht das Material zeitabhängig zur Seite aus, ohne daß makroskopisch sichtbare Brüche entstehen und damit ein Kohäsionsverlust eintritt. Fließ- oder Kriechvorgänge bewirken dann eine Änderung der Form des betroffenen Gesteinskörpers, indem sich die Mächtigkeit der einzelnen Schichten verringert, ihre Länge jedoch vergrößert (Abb. 7). Wenn kein Material aus der betrachteten Profilebene herauswandert und das Material selbst keine Veränderung erfährt, bleibt das Produkt aus Schichtlänge und -mächtigkeit während der Deformation konstant. Die Beispieldaten in Abb. 7 verdeutlichen diesen Zusammenhang.

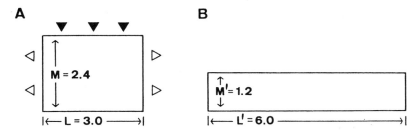

Abb. 7 Extension einer Schicht bei duktiler Verformung.

Auf welche Art und Weise die Extension einer Gesteinsfolge in der Natur tatsächlich vonstatten geht - durch spröde oder duktile Verformung oder eine Kombination von beiden -, hängt von der Gesteinsart und von den geologischen Rahmenbedingungen ab, vor allem vom Umlagerungsdruck und von der Temperatur. Wenn sich im Sediment-Stockwerk 'Extensionsbedingungen' einstellen (Abschn. 2.3), verhalten sich die meisten Gesteine weitgehend spröde und reagieren mit der Bildung von Störungen. Solche mechanisch stärkeren Gesteine werden häufig als **kompetent** bezeichnet. Zu den **inkompetenten** Sedimentgesteinen, bei denen die Verformung bereits unter relativ geringen Temperaturen bruchlos durch Fließprozesse erfolgen kann, zählen Gips und Anhydrit und die Salzgesteine, teilweise auch tonige Ablagerungen, die unter bestimmten Umständen (hoher Wassergehalt, geringe Kompaktion) hochgradig **mobil** sein können.

Werden Gesteine mit sprödem und mit duktilem Verhalten zusammen **im Schichtverband** deformiert, können die Verschiebungen in einer kompetenten Schicht unter Umständen ganz oder teilweise durch Fließvorgänge in einer auf- oder unterlagernden inkompetenten Schicht ausgeglichen werden. Ist eine mobile Zwischenlage ausreichend mächtig und paßt sie sich hinreichend schnell bruchlos an die sich stetig ändernde Bruchschollen-Geometrie an, können kompetente Schichten sogar vollständig voneinander **entkoppelt** werden (decoupling). Zwischen den Störungen im Ober- und im Unterbau bestehen dann keine unmittelbaren Beziehungen mehr. Die Prinzipskizze in Abb. 8A demonstriert dieses Phänomen für den Fall, daß das gesamte Schichtpaket eine gleichmäßige Ausweitung erfährt. Eine Entkopplung findet auch in Abb. 8B statt, jedoch nimmt hier der Extensionsbetrag innerhalb der Abfolge ab, in diesem Beispiel vom Hangenden zum Liegenden. Im Gelände ist dieser Sachverhalt wenn überhaupt dann nur an der veränderten Intensität der Bruchdeformation auf den beiden Seiten der Zwischenschicht zu erkennen, da genaue Extensionsbeträge in duktil verformten Schichten nur schwer erfaßbar sind. In Abb. 8C ist schließlich der Extremfall skizziert, in dem Störungen überhaupt nur im oberen Stockwerk auftreten und die Extension vollständig in der Zwischenschicht ausklingt. Es sei hier aber bereits darauf hingewiesen, daß unter gewissen Umständen auch mechanisch schwächere Gesteine, wie Salz- oder Tonlagen, von Abschiebungen durchtrennt werden können. Auf die Bedingungen, unter denen dieser Fall eintritt, wird in einem späteren Abschnitt eingegangen. Abb. 9 zeigt ein Beispiel aus dem Quartär, in dem die unterschiedliche Verhaltensweise zweier Schichten besonders anschaulich wird. In einer oberen, spröde reagierenden Einheit aus Schmelzwassersanden ist ein ausgeprägtes

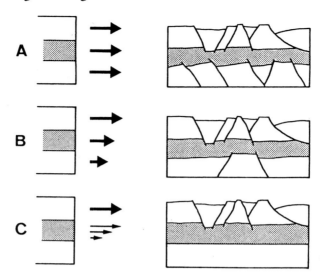

Abb. 8 Extension einer Wechselfolge. Die mittlere Schicht (punktiert) mit duktiler, die beiden auf- und unterlagernden Schichten (hell) mit spröder Verformung. Die Pfeillänge dient als Maß für die relative Extension der einzelnen Schichten. (A) Einheitliche Extension der gesamten Abfolge. (B) Abnahme des Extensionsbetrages vom Hangenden zum Liegenden. (C) Extension nur im Oberbau.

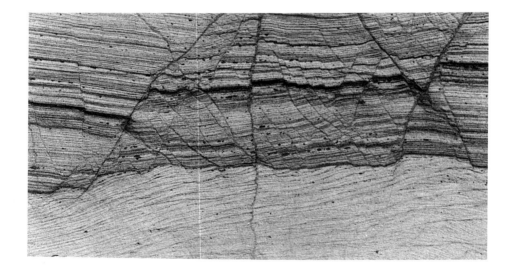

Abb. 9 Störungen in quartären Schmelzwassersedimenten, die auf eine obere spröde reagierende Einheit beschränkt sind. Foto eines Lackfilmes. Die Breite des abgebildeten Ausschnittes beträgt ca. 50 cm. Der vertikale Riß in der Bildmitte ist keine echte Störung, sondern ein oberflächennah in der Sandgrubenwand gebildeter Entspannungsriß.

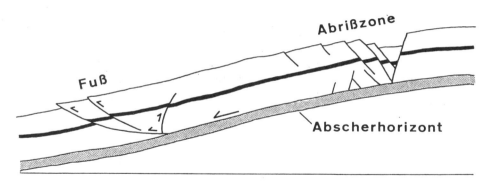

Abb. 10 Vereinfachtes Modell einer Schweregleitung.

Netz von Abschiebungen entwickelt, während in den darunter liegenden feinsandigen Schluffen keinerlei Störungen zu erkennen sind. Auch diese Schicht muß eine gewisse Querdehnung erfahren haben, denn durch reine Kompaktionsvorgänge allein sind die Störungen im Auflager kaum zu erklären. Ein Beispiel, in dem Abschiebungen wie in Abb. 8C unvermittelt in einer mobilen Schicht enden, zeigt Abb. 69A.

Die Fähigkeit mancher inkompetenter Gesteine, als **Abscherhorizont** (detachment) zu dienen, spielt bei Extensionsprozessen ebenfalls eine erhebliche Rolle. Sie ermöglicht großräumige, von der Schwerkraft angetriebene Gleitungen von Gesteinseinheiten entlang von Bewegungsbahnen, die oft nur wenige Grad einfallen. Die dazu erforderliche drastische Reduzierung des Reibungswiderstand an der Basis der Gleitmasse ist oft eine Folge hohen Porenwasserdruckes innerhalb des Abscherhorizontes. Tonige Schichten sind daher für diesen Vorgang besonders prädestiniert, im Sedimentbereich ferner auch gewisse Salzlagen. Im Kristallin-Stockwerk eignen sich vor allem partiell aufgeschmolzene Zonen oder Übergangsbereiche zwischen Gesteinen mit unterschiedlichen rheologischen Eigenschaften für Abscherungen. Abb. 10 zeigt in schematisierter Form einen Querschnitt durch eine oberflächennahe gravitative Gleitung in einem frühen Entwicklungsstadium. An der oberen **Abrißzone** der Gleitmasse (head), die sich manchmal in Form einer listrischen Abschiebung präsentiert (Abb. 16), herrscht generell Extension vor, während an ihrem **Fuß** (toe) Kompression überwiegt. Die interne Struktur im zentralen Teil kann nach bisherigen Erfahrungen beträchtlich variieren. So kann dieser Bereich als weitgehend undeformierter Block vorliegen, aber auch eine hohe Dichte von Extensionsstörungen oder eine Kombination von Extensions- und Kompressionsstrukturen aufweisen. Ursachen dieser Unterschiede können schon geringe Versteilungen oder Verflachungen der basalen Verschiebungsbahn, ein Wechsel in ihrem Reibungsverhalten oder die Änderung anderer Rahmenbedingungen beim Gleitvorgang sein (MANDL 1988).

2.3 Extensionsbedingungen

Abschiebungen können durch eine Vielzahl verschiedener geologischer Prozesse hervorgerufen werden. Die eigentliche Ursache für ihre Entstehung ist jedoch in den meisten Fällen die gleiche: eine **Verminderung des Seitendruckes** innerhalb einer Gesteinsfolge. 1951 publizierte HUBBERT ein einfaches, leicht nachvollziehbares Experiment, das die Bedingungen, bei denen Abschiebungen entstehen ('Extensionsbedingungen'), besonders anschaulich macht. Dazu wird ein rechteckiger Kasten, dessen eine Seitenwand beweglich angebracht ist, zunächst lagenweise mit trockenem, teilweise gefärbtem Sand gefüllt (Abb. 11A). Die Situation entspricht in diesem Stadium in etwa der eines horizontal lagernden, von den Seiten gleichmäßig eingespannten Gesteinsblockes, der keinerlei tektonischen Aktivitäten unterliegt. Die größte Hauptspannung σ_1 resultiert in diesem Fall aus dem Gewicht des Sandes und ist vertikal gerichtet. Die kleineren Hauptspannungen σ_2 und σ_3 sind horizontal orientiert, ihre Beträge sind anfangs identisch ($\sigma_h = \sigma_2 = \sigma_3$). Bei dem Experiment wird die bewegliche Seitenwand nun langsam nach außen verschoben. Schon nach kurzer Zeit entwickelt sich eine Abschiebung, deren Ausgangspunkt nahe der Basis der Seitenwand liegt (Abb. 11B). Mechanisch gesehen bewirkt das Verschieben der Seitenwand eine stetige Reduzierung der Horizontalspannung, die in Richtung der Verschiebung wirkt. Sie wird damit zur kleinsten Hauptspannung σ_3. Der Betrag der vertikalen Hauptspannung σ_1 ändert sich während der Verschiebung jedoch nicht, so daß die Differentialspannung $\sigma_1-\sigma_3$ dabei beständig zunimmt. Sie vergrößert sich solange, bis der Maximalwert erreicht ist, den der Sand unter diesen Bedingungen gerade noch ertragen kann. Beim Überschreiten diesen kritischen Wertes setzt schließlich der Bruchvorgang ein. Die Abschiebung, die sich dann bildet, streicht im Mittel **senkrecht zur kleinsten Hauptspannung σ_3.**

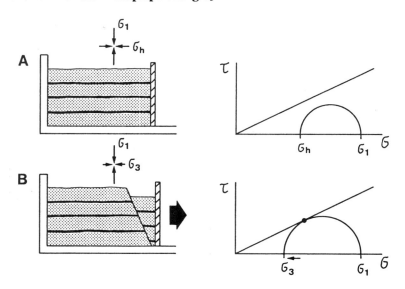

Abb. 11 Ein einfaches Experiment zur Entstehung von Abschiebungen (nach HUBBERT 1951).

Leicht veranschaulichen läßt sich der beschriebene Prozeß durch die Darstellung des Spannungskreises nach MOHR[1]. Zu Beginn des Experimentes liegt der Spannungskreis noch deutlich unterhalb der Hüllkurve, die die Grenze zwischen mechanisch stabilen und instabilen Zuständen markiert (Abb. 11A). Mit der Verminderung der Spannung in σ_3-Richtung vergrößert sich der Spannungskreis fortlaufend. In dem Moment, in dem σ_3 soweit reduziert ist, daß der Spannungskreis die Hüllkurve berührt, wird die Situation mechanisch instabil und die Störung entsteht (Abb. 11B). Wie das Diagramm zeigt, ist die Spannungsänderung, die zum Erreichen dieses **Grenzzustandes** erforderlich ist, relativ gering. Und noch einen weiteren wichtigen Zusammenhang macht das MOHRsche Diagramm deutlich. Eine Abschiebung entsteht, auch wenn es sich in diesem Experiment bei allen Hauptspannungen um **Druckspannungen** handelt. Maßgebend ist allein die Größe der Differentialspannung. Natürlich bilden sich Abschiebungen um so leichter, desto geringer der Betrag der kleinsten Horizontalspannung σ_3 ist, da damit auch die für den Bruchvorgang notwendige Differentialspannung sinkt. Dieser Zusammenhang gilt nicht nur im Experiment, sondern prinzipiell auch bei geologischen Vorgängen in der Natur. In älteren geologischen Arbeiten, gerade in der deutschsprachigen Literatur, werden Abschiebungen fälschlicherweise manchmal noch als Indiz für großräumig wirksame Zugspannungen angesehen.

Im Unterschied zum Experiment, bei dem mit trockenem Sand gearbeitet wurde, enthalten Gesteine in der Natur stets größere Mengen von **Porenflüssigkeiten**. Normalspannungen innerhalb eines Gesteinskörpers werden unter diesen Umständen nicht mehr vollständig vom Korngerüst übertragen wie im trockenen Zustand. Innerhalb des Porenraumes existiert dann ein Porendruck (pore pressure), der den Normalspannungen entgegen wirkt. Über das mechanische Verhalten des Gesteins entscheidet in diesem Fall die **effektive Normalspannung**, die sich aus der Differenz von Totalspannung und Porendruck berechnet ($\sigma_n' = \sigma_n - P_f$). Je größer der Porendruck wird, desto weiter sinken die Effektivspannungen. Daraus ergibt sich, daß eine Zunahme des Porendruckes die Entwicklung von Extensionsbedingungen begünstigt und somit Bruchprozesse erleichtert. Dieser Zusammenhang kann ebenfalls mit Hilfe des MOHRschen Kreises anschaulich dargestellt werden. Mit steigendem Porendruck verschiebt sich der Spannungskreis in Richtung auf den Koordinatenursprung, so daß die zusätzliche Reduzierung von σ_3, die notwendig ist, damit der Spannungskreis die Grenzkurve erreicht, immer geringer wird (GRETENER 1977, MANDL 1988, EISBACHER 1991).

Bei dem oben geschilderten Experiment fällt ferner auf, daß Störungen nur in einem relativ geringen Abstand von der Seitenwand entstehen, der je nach Dicke der verwendeten Sandschicht etwas variiert. Die Verminderung des Seitendruckes wirkt sich offensichtlich nur im näheren Umfeld der Seitenwand aus. Bereiche, die jenseits einer kritischen Distanz liegen, werden von der Extension nicht mehr betroffen. Erst wenn ein Mechanismus vorhanden ist, durch den die Horizontalspannung σ_3 auch im weiter entfernten 'Hinterland' reduziert wird, findet auch dort Extension statt. Experimentell kann ein solcher Vorgang auf zweierlei Weise realisiert werden. Bei dem

---

[1] Erläuterungen zum MOHRschen Spannungskreis finden sich in allen modernen strukturgeologischen Lehrbüchern. Eine ausführliche Darstellung von Anwendungen des MOHRschen Kreises bei bruchtektonischen Problemstellungen gibt MANDL (1988).

12 *Erläuterungen zum Begriff Extension*

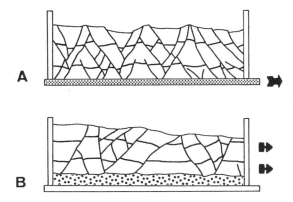

Abb. 12 Zwei Versuchsanordnungen, mit denen eine Dehnung an der Basis der zu verformenden Schicht hervorgerufen wird.

gängigsten Verfahren wird der Sand (oder ein anderes Modellmaterial) auf ein Gummituch gelegt, das dann mit Hilfe einer motorgetriebenen Vorrichtung gedehnt wird (Abb. 12A). Bei der anderen Methode wird eine Versuchsanordnung wie in Abb. 11 benutzt. Dabei wird unter der Sandlage zusätzlich eine hochviskose Flüssigkeit eingebracht, die duktiles Materialverhalten simuliert (Abb. 12B). Mit dem Verschieben der Seitenwand bewegt sich die Flüssigkeit langsam in Richtung auf das 'Vorland' (die bewegliche Seitenwand) und löst damit auch in den hinteren Bereichen der Versuchsapparatur Bruchvorgänge aus. Eine ähnliche Rolle wie in diesem Versuch spielen die duktileren Schichten oft auch bei natürlichen Deformationsvorgängen.

In der Natur wird die Entwicklung von Extensionsbedingungen und damit die Geometrie des späteren Störungsnetzes im wesentlichen von zwei Faktoren kontrolliert. Die **Art des Prozesses**, der im jeweiligen Fall Ursache der Extension ist, bestimmt den Verlauf der großräumigen Spannungsentwicklung, während das **Materialverhalten** (die mechanischen Eigenschaften einer Gesteinsfolge) die Bruchgeometrie im Nahbereich regelt. Viele Störungsphänomene lassen sich leichter verstehen, wenn man bei einem Deformationsprozeß sowohl **räumliche** Unterschiede im Spannungszustand als auch **zeitliche** Veränderungen der Spannungssituation betrachtet. Am Beispiel der **Aufdomung** einer Gesteinsfolge läßt sich dieser Sachverhalt verdeutlichen. Bei diesem grundlegenden Extensionsvorgang wird eine Schicht definierter Länge durch aufwärts gerichtete Kräfte verbogen, ohne daß die Endpunkte (A, B) ihre Position merklich verändern (Abb. 13). Die ursprüngliche Schichtlänge reicht dann allerdings nicht mehr aus, um ein durchgehendes Gewölbe zu bilden, doch kann dieses Längendefizit durch einige Abschiebungen auf einfache Weise ausgeglichen werden (mittlere und obere Darstellung in Abb. 13). Die größte Verringerung der Horizontalspannung findet bei einer Aufdomung an der Außenseite der betroffenen Schichtplatte, in den Bereichen stärkster Krümmung statt, so daß die Differentialspannung dort zuerst bis zum Grenzzustand ansteigen wird. Der Bruchursprung (der Punkt, an dem der Bruchvorgang einsetzt) und damit die maximale Verschiebungsweite der dann entstehenden Abschiebungen (Abschn. 4.1) befinden sich dementsprechend an oder nahe der Oberfläche (Abb. 14B). Mit zunehmender Aufwölbung reduziert sich

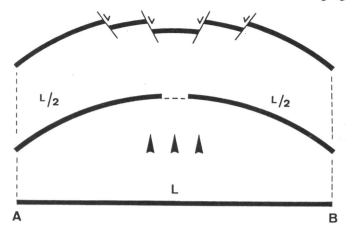

Abb. 13 Prinzip der Extension bei einer Aufdomung. Die Länge der Schicht ist in den drei Darstellungen identisch.

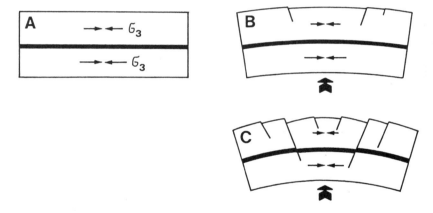

Abb. 14 Spannungsverminderung und Bruchausbreitung bei einer Aufdomung (Prinzipskizze).

der Seitendruck auch im Kern der Falte mehr und mehr. Die schon vorhandenen Abschiebungen breiten sich daher immer weiter zum Liegenden hin aus, während gleichzeitig in den äußeren Bereichen weitere Abschiebungen angelegt werden (Abb. 14C). Als Beispiel, in dem diese prinzipiellen Merkmale recht gut zu erkennen sind, zeigt Abb. 15 ein seismisches Profil einer flachen Salzschwelle aus der Nordsee.

Bei einer langsam vor sich gehenden, seitlichen Entlastung eines größeren Schichtpaketes werden sich auch in den spröden Einheiten nicht überall gleichzeitig Extensionsbedingungen einstellen. Unterschiede im **Festigkeitsverhalten** verschiedener Gesteine bewirken erfahrungsgemäß, daß in einigen Schichten Bruchprozesse früher einsetzen als in anderen. Abschiebungen bilden sich zunächst in solchen Schichten, in denen die zum Bruchbeginn notwendige Differentialspannung den geringsten Wert

14 Erläuterungen zum Begriff Extension

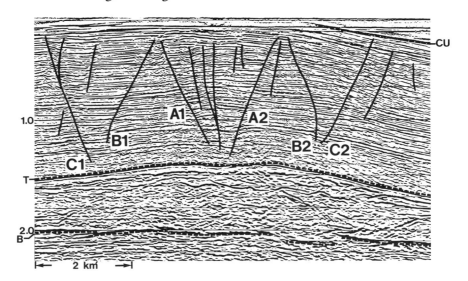

Abb. 15 Seismisches Profil einer Salzschwelle aus der südlichen Nordsee mit Abschiebungen im Deckgebirge. Das Salzintervall liegt zwischen B und T. Das Deckgebirge (zwischen T und CU) umfaßt Sedimente aus Trias und Jura (aus JENYON 1988a). Vertikaler Maßstab in Sekunden Reflexionszeit.

aufweist. Die Dichte kleinerer bis mittlerer Abschiebungen ist daher in solchen Horizonten erfahrungsgemäß wesentlich größer als in auf- oder unterlagernden Einheiten. Auf der anderen Seite können Schichten, in denen ein zu hoher Seitendruck herrscht, als **Barrieren** ('Spannungssperren') wirken, durch die die weitere Bruchausbreitung gestoppt wird. In diesem Fall werden die Abschiebungen vorzugsweise in den betreffenden Schichten terminieren.

2.4 Geologische Ursachen von Extensionsvorgängen

Das Spektrum der geologischen Vorgänge, durch die in Teilen der oberen Erdkruste Extensionsbedingungen geschaffen werden können, ist beträchtlich. Es umfaßt hauptsächlich Vorgänge, die zur differentiellen Hebung oder Absenkung von Krustenteilen führen, Prozesse, die in Zusammenhang mit Fließbewegungen mobiler Gesteine stehen, und Vorgänge, durch die Gleitungen von Gesteinsschollen ausgelöst werden. Die Bereiche, in denen sich dabei Störungen entwickeln können, überdecken mehrere Größenordnungen. Je nach der Ursache der Extension können sie von wenigen Metern bis zu ganzen Krustensegmenten reichen. In diesem Abschnitt kann nur eine kurze Übersicht über die wichtigsten Prozesse gegeben werden. Für weitergehende Betrachtungen muß auf die angeführte Literatur verwiesen werden.

Gedanklich wird der Begriff Extension zunächst meist mit dem Prozeß der **Riftbildung** (rifting) verknüpft. Darunter werden großräumige geodynamische Vorgänge zusammengefaßt, die vom Aufreißen der kontinentalen Kruste bis hin zur ozeanischen Krustenspreizung reichen und eine bedeutende Absenkung und Verdünnung von Teilen der Erdkruste bewirken. Wärmezufuhr und Aufstieg partiell geschmolzener Gesteine aus tieferen Zonen des Erdmantels sind die eigentlichen Antriebsmechanismen, die die Riftbildung einleiten. Im Bereich mancher kontinentaler Riftgürtel (z.B. Oberrhein-Graben, Rio-Grande Rift) lassen sich dabei weitgespannte Aufwölbungen der Kruste nachweisen, die sich in einer relativen Anhebung der Mantelobergrenze dokumentieren. In einem sehr frühen Stadium der Riftentwicklung dominiert in den obersten Teilen des Gewölbes möglicherweise noch die Extensionskomponente, die aus der Aufdomung resultiert. Je mehr die Riftentwicklung jedoch vom Stadium des kontinentalen Rifts zum ozeanischen Rift mit der Neubildung ozeanischer Kruste übergeht, um so mehr wird auch die oberflächennahe Extension durch andere Vorgänge in der unteren Kruste und im oberen Mantel kontrolliert. Dazu zählen die Intrusion ausgedehnter Gangsysteme sowie die Aktivierung thermischer Konvektionszellen, die scherende Kräfte an der Basis der spröden Kruste hervorrufen und damit ein Auseinanderdriften der verschieden Platten bewirken kann. Auch eine frühzeitige asymmetrische Durchscherung der kontinentalen Lithosphäre an einer flachen Abscherbahn wird in neueren Arbeiten für wahrscheinlich gehalten. Verbesserte geophysikalische Daten tragen inzwischen wesentlich dazu bei, daß immer differenziertere Modelle erstellt werden können, die auch regionale Unterschiede in der Struktur und Entwicklung von Riftbereichen erklären (WERNICKE 1985, FROIDEVAUX & KIE 1987, MORGAN et al. 1987, OLSEN et al. 1987, ROSENDAHL 1987, VOGGENREITER et al. 1988, VOOGD et al. 1988, VIGNERESSE 1988, WATTS 1988, WERNICKE et al. 1988, ZIEGLER 1988, GANS et al. 1989, BRUN et al. 1991, EISBACHER 1991, LISTER et. al. 1991).

Extension, die mit regionalen **Hebungen** von Krustenteilen in Verbindung steht, findet sich besonders ausgeprägt in Gebieten, in denen vorausgegangene Subduktions- oder Kollisionsvorgänge zu bedeutenden Krustenverdickungen geführt haben (PRICE & AUDLEY-CHARLES 1987, DEWEY 1988, CHARLTON 1991). Modellrechnungen legen sogar nahe, daß in den oberen Bereichen eines Akkretionskeiles bereits Extension einsetzen kann, während an seiner Unterseite gleichzeitig noch Material unter hohem Druck angelagert wird (PLATT 1986). Die Krustenhebung selbst kann eine isostatische Ausgleichsbewegung oder die Reaktion auf eine verstärkte regionale Aufheizung sein. Die spektakulärste Form der Deformation dürfte die Freilegung hochmetamorpher Kernkomplexe durch extreme Extension (tectonic denudation) der Oberkruste sein, so etwa in der Basin-and-Range-Province. Das letztgenannte Beispiel zeigt auch, daß im strukturellen Baustil solcher in Hebung befindlicher Extensionsbereiche Gleitungen von Gesteinsmassen entlang flacher Bewegungsbahnen eine wichtige Rolle spielen können (WERNICKE 1981, CONEY & HARMS 1984, SMITH & BRUHN 1984, SPENCER 1984, LISTER 1989).

Auch die Entwicklung von Sedimentbecken als Folge großräumiger **Absenkungsvorgänge** hängt letztlich meist mit thermischen Veränderungen, oft mit einer deutlichen Abkühlung in Kruste und Mantel zusammen. Die Absenkung vollzieht sich in den obersten Krustenbereichen selten völlig gleichförmig, sondern erfolgt häufig in Form differentieller Schollenbewegungen. Solche Verschiebungen entlang neuer oder reaktivierter Störungen im Grundgebirge können direkt oder indirekt die Extension auflagernder jüngerer Sedimente steuern. Wenn Grund- und Deckgebirge mechanisch gekoppelt sind, werden sich in der Projektion der Grundgebirgsstörungen unmittelbar Bruchzonen im Deckgebirge entwickeln. Sind mobile Schichten zwischengeschaltet, setzen in diesen eventuell zunächst Fließvorgänge ein, die ihrerseits neue Bruchprozesse im Auflager nach sich ziehen. Schollenverschiebungen im Untergrund können schließlich auch Auslöser für gravitative Gleitungen sein.

Wenn innerhalb einer Sedimentserie mächtige **Salzfolgen** unter einer hinreichend großen Überdeckung vorhanden sind, können bekanntlich allein daraus Bruchvorgänge resultieren, daß das Salz infolge der Dichteinversion einen eigenständigen Aufstieg in auflagernde Schichten höherer Dichte beginnt. Seitliche Fließbewegungen allein können unter gewissen Umständen schon ausreichen, um Schollenverschiebungen mit Extensionscharakter im Deckgebirge auszulösen (MCGILL & STROMQUIST 1979, MANDL 1988). In größerem Umfang sind Extensionsformen aber vor allem dann zu erwarten, wenn das Salz diapirartige Strukturen bildet. Die mit der Hochbewegung verbundene **Aufwölbung** des Deckgebirges (doming) kann schon in einem relativ frühen Stadium zu einem ausgeprägten Störungsnetz führen (Abb. 15). Ähnliche, oft auch kompliziertere Verhältnisse mit Abschiebungen meistens im Dach, manchmal aber auch in den Flanken eines Salzstockes sind in vielen geologischen Profilen aus dem norddeutschen Raum, dem Golf von Mexiko und anderen wichtigen Salzstockprovinzen dokumentiert (BEHRMANN 1949, PARKER & MCDOWELL 1955, BALLY 1983, JENYON 1986b, SCHMITZ & FLIXEDER 1992). Wenn das Salz aus einem Teilbereich nach zwei Seiten hin abwandert, können im Deckgebirge umgekehrt auch **Synklinalformen** entstehen, in denen die Schichtfolge ebenfalls eine gewisse Streckung erfährt. Allerdings ist die Intensität der Bruchdeformation hier erfahrungsgemäß meist deutlich geringer als bei den Antiklinalen.

Salzbewegungen bilden nicht selten auch den Auslöser für großräumige, von der Schwerkraft angetriebene **Rutschungen**. Veränderungen der Hangneigung von wenigen Grad reichen oft schon aus, um größere Sedimentmassen an den Flanken aufsteigender Salzgesteine in Bewegung zu setzen. Da solche Gleitungen oft über längere Zeiträume aktiv sind, hat die obere Abrißzone einer Gleitmasse häufig den Charakter einer **synsedimentären** Störung (contemporeneous fault, growth fault). Vergleichbare Auswirkungen zeigen manchmal auch mächtige unterkompaktierte Tonablagerungen, in denen ein abnormal hoher Porenwasserdruck herrscht. Da solche Tone eine geringe Festigkeit und eine erhebliche Mobilität besitzen, können auch hier Kriechvorgänge einsetzen, wenn ein horizontaler Gradient des lithostatischen Druckes existiert. Dabei werden die Verhältnisse in den Deckschichten meist mechanisch instabil mit dem Ergebnis, daß diese langsam in Richtung auf das Beckeninnere gleiten. Zahlreiche Beispiele dieses Phänomens sind aus den großen Deltas (Golf von Mexiko, Niger-Delta) bekannt (Abb. 83; BRUCE 1973, MANDL & CRANS 1981, BALLY 1983, BEACH & TRAYNER 1991). Fließprozesse, in diesem Fall in einer kaum verfestigten Schlufflage, waren auch der Anlaß für die Entstehung der Abschiebungen, die die Abb. 34 und 69A zeigen.

Als weitere, wenn auch weniger bedeutende Ursache von Extensionsstörungen im Zusammenhang mit Salzablagerungen ist schließlich deren unterirdische **Auslaugung** zu nennen, die differentielle Absenkungen der Deckschichten zur Folge hat (PARKER 1967, JENYON 1988b, LERCHE & O'BRIEN 1987). Auch das Deckgebirge über anderen leichter löslichen Gesteinen (Gips) kann davon betroffen sein. Eine analoge Situation existiert im Glazialbereich, wenn Sedimente, die auf einer Toteismasse abgelagert wurden, beim Abtauen des Eises zunehmend deformiert werden. Die jeweilige Art der Deformation im Auflager richtet sich nach der Form und Tiefenlage des von der Auslaugung betroffenen Gesteinskörpers und nach der Verbreitung der Lösungstätigkeit. Bei einer großflächigen Auslaugung an flachliegenden Salzgesteinen wird sich die Deformation auf die wandernden flexurartigen Verbiegungen im Deckgebirge konzentrieren, die zu den Bereichen mit normalen Salzmächtigkeiten überleiten. Eine besonders intensive Deformation der Deckschichten ist häufig an Lösungsvorgänge geknüpft, von denen oberflächennahe Bereiche eines Salzstockes betroffen werden.

In begrenztem Umfang kann auch **differentielle Kompaktion** (differential compaction) für Absenkungen und die daran geknüpften Deformationen verantwortlich sein. Wechselnde Absenkungsraten sind überall dort zu verzeichnen, wo Sedimente mit unterschiedlichem Kompaktionsverhalten in größerer Mächtigkeit nebeneinander lagern und zunehmend von jüngeren Schichten überdeckt werden. Nennenswerte Auswirkungen können sich etwa ergeben, wenn auf Kristallinschollen an der Basis eines Sedimentbeckens in unterschiedlicher Höhe feinkörnige, nur langsam kompaktierende Sedimente abgelagert werden. Mit zunehmender Mächtigkeit weiterer Deckschichten werden dann im Deckgebirge flexurartige Verbiegungen entstehen, in denen lokal auch mit Störungen zu rechnen ist. Von größerer Bedeutung für die Bildung von Störungen kann differentielle Kompaktion ferner in Deltabereichen sein, in denen eine enge Verzahnung großer Sand- und Tonmassen auftritt. Kompaktionsunterschiede in der Grenzzone der verschiedenen Faziesbereiche werden von einigen Autoren als Auslöser mancher synsedimentärer Abschiebungen angesehen (CARVER 1968, JONES & ADDIS 1984).

Auch in einem Bereich, der großräumig gesehen unter horizontaler Kompression steht, können lokal durchaus Extensionsbedingungen herrschen. Ein bekanntes Beispiel sind Extensionsphänomene im Umfeld großer Blattverschiebungen, die allgemein unter der Bezeichnung **Transtension** zusammengefaßt werden. Geknüpft sind sie an spezielle geometrische Gegebenheiten, an **befreiende Krümmungen** (releasing bends) einzelner Blattverschiebungen oder an Übergangsbereiche zwischen Blattverschiebungssegmenten, die **divergent gestaffelt** sind (WILCOX et al. 1973, AYDIN & NUR 1982, MANN et al. 1983, HEMPTON & NEHER 1986, SYLVESTER 1988). Auch in Faltenstrukturen (insbesondere Biegegleitfalten), die sich infolge seitlicher Kompression entwickeln, ist unter gewissen Umständen lokale Extension zu erwarten (JAROSZEWSKI 1984, RAMSAY & HUBER 1987). Voraussetzung ist eine hinreichend große Reduzierung der regionalen horizontalen Druckspannungen in Teilbereichen durch Zugspannungen, die durch den Biegungsprozeß selbst induziert werden. Erfahrungsgemäß sind davon fast ausschließlich Außenseiten von Antiklinalen betroffen. So können dort Abschiebungen dominieren, während an der Innenseite gleichzeitig Kompression vorherrscht und Aufschiebungen entstehen.

3 Allgemeines zu Untersuchungen an Abschiebungen

Das erheblich gewachsene Interesse an der Entstehung und Struktur von Abschiebungen, das in den letzten Jahren zu verzeichnen ist und sich in einer beträchtlich gestiegenen Anzahl von Publikationen zum Thema widerspiegelt, beruht sicher auf dem Zusammenspiel zweier Entwicklungen, auf Fortschritten in der Seismik und auf verstärkten Anstrengungen bei der Kohlenwasserstoffexploration in Gebieten, die maßgeblich durch Extensionsprozesse geprägt wurden (z.B. Nordsee). Die erheblich verbesserten Methoden der Gewinnung und Auswertung von seismischen Daten (3D-Seismik) ermöglichen es heute, immer detailliertere Informationen über die Struktur des Untergrundes selbst in kompliziert gebauten Regionen zu gewinnen. Daher liegt inzwischen eine Fülle neuer Beobachtungen an Störungszonen vor, wobei teilweise unerwartete, bis dahin wenig bekannte Strukturen und Zusammenhänge zutage traten, die häufig Anlaß für weitergehende, systematische Untersuchungen waren. Bei der Exploration auf Erdöl- und Erdgaslagerstätten stellt sich immer wieder die Aufgabe, das Störungsnetz im Umfeld einer Lagerstätte nicht nur möglichst vollständig zu erfassen, sondern auch seine Entstehungsgeschichte möglichst genau zu entschlüsseln. Aus diesem Grund fördert gerade die Erdölindustrie intensiv die Grundlagenforschung auf diesem Sektor, um die Prozesse und Parameter, die die Entwicklung von Störungen kontrollieren, besser verstehen und damit beobachtete Strukturen besser beurteilen zu können. Einen Schwerpunkt bilden dabei 'skalierte' **Modellversuche** im Labor, bei denen geeignete Materialien in einem entsprechend der Aufgabenstellung konstruierten Kasten ('sandbox') deformiert werden und die Geometrie des resultierenden Störungsmuster in allen Einzelheiten analysiert wird. Skaliert bedeutet, daß zwischen der Wirklichkeit und dem Modell maßstabsgetreue Beziehungen in bezug auf das Materialverhalten und die mechanischen Randbedingungen bestehen (MANDL 1988: 88ff.). Besondere Vorteile solcher Experimente, die eine lange Tradition haben, liegen in der Möglichkeit, Verformungsprozesse unter definierten und ständig kontrollierten Bedingungen ablaufen zu lassen und die zeitliche Entwicklung einer Störung oder eines Störungssystemes Schritt für Schritt zu verfolgen. Um die räumliche Struktur des experimentell erzeugten Störungsnetzes zu erfassen, war es bislang üblich, eine Serie von Profilschnitten durch das Modellmaterial anzufertigen. Durch den Einsatz der Computer-Tomographie wurde hier in jüngster Zeit noch ein weiterer, bemerkenswerter Fortschritt erzielt. Diese Technik gestattet es nun auch, den Verlauf von Störungen im Inneren eines Modellkörpers zu kartieren, ohne daß dieser in irgendeiner Form zerstört werden muß (MANDL 1988, COLLETTA et al. 1991). Das Spektrum der Abschiebungen verursachenden Prozesse, das bisher mit Hilfe von Modellexperimenten untersucht wurde, ist vielfältig. Dementsprechend umfangreich ist auch die Literatur zu diesem Thema. Eine kleine Auswahl neuerer Arbeiten sei schon an dieser Stelle genannt, mit deren Hilfe mühelos auf zahlreiche weitere Publikationen zurückgegriffen werden kann (MANDL 1988, ALLEMAND et al. 1989, COBBOLD et al. 1989, FAURE & CHERMETTE 1989, WITHJACK et al. 1990, MCCLAY 1990, KRANTZ 1991, BUCHANAN & MCCLAY 1991).

Angesichts der heute verfügbaren leistungsfähigen Computer besteht auch die Möglichkeit, manche der Problemstellungen, die die Entwicklung von Abschiebungen betreffen, mit Hilfe theoretischer **Modellrechnungen** zu untersuchen. Computersimulationen, vorwiegend mit der Methode der finiten Elemente, werden derzeit vor allem eingesetzt, wenn es darum geht, Einsichten in mechanische Zusammenhänge bei tektonischen Prozessen zu gewinnen. Von Interesse ist dabei meist die Entwicklung des Spannungsfeldes unter genau vorgegebenen Randbedingungen, die schließlich zu einer bruchhaften Verformung führt oder sich im Verlauf eines Bruchprozesses vollzieht. Eine Reihe von Anwendungsbeispielen mit weiteren Literaturangaben findet der interessierte Leser in MANDL (1988).

Grundvoraussetzung, um **Geländeuntersuchungen** an Abschiebungen in effektiver Weise durchführen zu können, ist natürlich eine hinreichend gute Aufschlußsituation. Aber auch unter günstigen Bedingungen ist es in **Festgesteinen** nicht immer leicht, interessante Daten zu bekommen. Beispielsweise lassen sich an Aufschlußwänden, deren Höhe nur wenige Meter beträgt, Abschiebungen zwar hinsichtlich ihrer Orientierung erfassen, die geometrischen Beziehungen der Störungen untereinander bleiben aber gewöhnlich unklar. Selbst wenn große Steinbrüche vorhanden sind, so zeigen diese aus einem Bereich, der großräumig von Störungen durchzogen wird, doch immer nur kleine Ausschnitte, und das zudem nur in einzelnen Profilschnitten, die sich innerhalb eines kurzen Untersuchungszeitraumes auch bei intensiver Abbautätigkeit wenig ändern. Es ist dann natürlich eine Frage des Zufalls, welche Störungsphänomene gerade aufgeschlossen sind. Manchmal können die dort gemachten Beobachtungen im Hinblick auf die Gesamtsituation sogar zu unzutreffenden Schlußfolgerungen verleiten. Hinzu kommt, daß interessante Phänomene, die genaue Messungen erfordern würden, nicht selten an unzugänglichen Stellen hoher Aufschlußwände angeschnitten sind, so daß oft nur die Möglichkeit besteht, Details photographisch zu dokumentieren. Bei Geländearbeiten in **Lockersedimenten** ist der Bearbeiter weit weniger von der zufällig vorgefundenen Aufschlußgegebenheiten abhängig, so daß sich hier eine gute Möglichkeit bietet, weitere Erkenntnisse über die Geometrie von Störungsnetzen zu gewinnen, die unter natürlichen Bedingungen entstanden sind. Ähnlich wie in Modellexperimenten sind auch in Lockersedimenten Ausmaße und Abstände kleiner Störungen oft so gering, daß schon in einem Abschnitt von 1-2 m Länge ein beträchtlicher Datenumfang verfügbar ist. Verglichen mit den Abmessungen einer Modellapparatur sind im Gelände durch gezieltes Abgraben jedoch weitaus größere gestörte Bereiche zugänglich. Zudem lassen sich auf einfache Weise auch Veränderungen der Störungsgeometrie im Streichen einer Störungszone erfassen, indem eine Serie von Profilschnitten mit geringen Abständen entlang der Störungszone freigelegt wird.

Günstige Bedingungen zum Geländestudium von Störungsnetzen in Lockersedimenten bestehen in verschiedenen Teilen Norddeutschlands, in denen mächtige quartäre Ablagerungen durch eine große Zahl von Sandgruben aufgeschlossen sind. Untersuchungen können hier sowohl an Kompressionsstörungen durchgeführt werden, die durch die Schubwirkung der pleistozänen Inlandeismassen verursacht wurden, als auch an Störungen, die auf Extensionsvorgänge zurückgehen. Ein großer Teil der Beispiele, die in dieser Publikation zur Demonstration elementarer Störungscharakteristika dienen, stammt aus diesem Bereich. Viele Detailbeobachtungen an Störungszonen mit Modellcharakter wären allerdings nicht möglich gewesen ohne die Herstellung von **Lackfilmen** (lacquer peels) der untersuchten Profilabschnitte. Daher

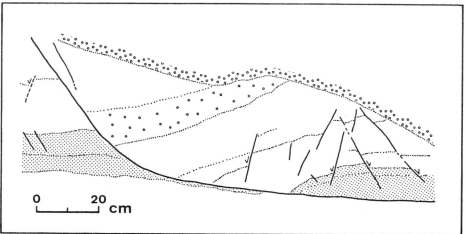

Abb. 16 Listrische Störung in glazialen Sedimenten der Saale-Vereisung, entstanden bei der gravitativen Gleitung eines Sedimentpaketes auf einem tonigen Abscherhorizont (eng punktiert). Nahe dem oberen Bildrand diskordante Überdeckung der gestörten Abfolge durch jüngere Sedimente. (A) (oben) Foto und Strukturkartierung der Aufschlußwand. (B) (folgende Seite) Foto und Strukturkartierung des Lackfilmes.

sei diese relativ einfache Präparationsmethode, die bereits um 1930 unter der Leitung von Prof. E. Voigt am geologisch-paläontologischen Institut der Universität Halle entwickelt wurde (VOIGT 1936, HÄHNEL 1961), kurz erläutert. Durch die Herstellung eines Lackfilmes können wenig verfestigte Sedimente naturgetreu geborgen werden, ohne daß der natürliche Zusammenhalt der Kornpartikel verloren geht. Da-

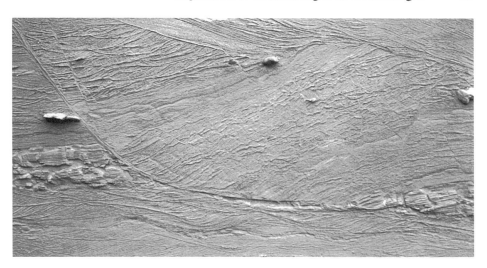

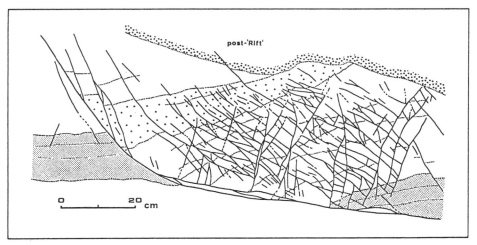

Abb. 16B

zu wird der interessierende Profilbereich zunächst mit einer Kelle geglättet und anschließend gleichmäßig mit einem geeigneten Lack besprüht. Der Lack dringt in die Porenräume des Sedimentes ein und verfestigt beim Trocknen eine wenige Millimeter dicke Partie. Mit Hilfe eines porösen Stofftuches, das anschließend zur Verstärkung aufgeklebt wird, kann der fertige Lackfilm nach einer weiteren Trocknungsphase von der Aufschlußwand abgelöst werden.

Lackfilme weisen meist eine dreidimensionale Oberflächenstruktur auf, die aus den unterschiedlichen Permeabilitäts- oder Kapillareigenschaften der verschiedenen Schichten resultiert. Schichten, in die der Lack weiter eindringen konnte, zeigen nach dem Trocknen ein höheres Relief als Schichten mit einer geringen Eindringtiefe. Meist bestehen auch zwischen Störungsbahnen und den angrenzenden ungestörten Bereichen Reliefunterschiede. Die Ursache liegt in diesem Fall in Permeabilitätsänderungen im Bereich der Störungszone, die durch Deformationsprozesse beim Verschiebungsvorgang (Reorientierung und Zerbrechen von Körnern, Einschleppen toniger Partikel etc.) hervorgerufen werden. Durch dieses Phänomen lassen sich auf Lackfilmen selbst kleine Störungen mit Versatzbeträgen in der Größenordnung von 1-2 Millimetern kartieren, die im Gelände meist gar nicht erfaßbar sind. Die Auswertung eines Lackfilmes zeigt daher in der Regel ein weitaus genaueres und vollständigeres Bild des vorhandenen Störungsnetzes als die Kartierung direkt an einer Aufschlußwand. Die Geländekartierung läßt sich hier in gewisser Weise mit einer Auswertung seismischer Profile vergleichen, bei der kleinere Störungen, die unterhalb der seismischen Auflösung liegen, nicht registriert werden. Abb. 16 illustriert solche Unterschiede zwischen Lackfilm- und Geländedaten. Während an der abgebildeten Aufschlußwand nur einige wenige Störungen, meist auch nur in Teilabschnitten, zu erkennen waren (Abb. 16A), konnte auf dem Lackfilm dieses Bereich ein Vielfaches an Störungen mit sehr geringer Versetzung kartiert werden (Abb. 16B). Die in dieser Publikation beschriebenen Lackfilme zeigen stets Profilschnitte senkrecht zum Generalstreichen der markantesten Störungen des jeweiligen Bereiches, deren Einfallswinkel daher in den Profilen wirklichkeitsgetreu wiedergegeben werden.

4 Geometrie einer Abschiebung

4.1 Das Grundmodell

Das Merkmal, das Geologen an einer Störung üblicherweise am meisten interessiert, ist das jeweilige Ausmaß ihrer Verschiebung. Besonders trifft dieses naturgemäß auf Störungen zu, die Teile einer Lagerstätte versetzen, deren Fortsetzung es dann zu ermitteln gilt. Wenn Messungen in verschiedenen Abschnitten einer Störung möglich sind, zeigt sich jedoch immer wieder, daß der Verschiebungsbetrag keineswegs konstant ist, sondern beträchtlich variieren kann. Änderungen in Richtung des Einfallens können bei Störungen im Aufschlußmaßstab manchmal schon bei näherer Betrachtung einer Aufschlußwand wahrgenommen werden (Abb. 17). Auch in seismischen Profilen, in denen große Störungen erkennbar sind, lassen sich nicht selten solche Veränderungen feststellen, sofern nur eine hinreichende Anzahl korrelierbarer Horizonte vorhanden ist (Abb. 18). Wird eine Störung in einer größeren Anzahl von Bohrungen angetroffen, können auch Veränderungen der Verschiebungsweite erfaßt werden, die in Richtung des Streichens der Störung auftreten (Abb. 19). Um allerdings den gesamten Bereich einer Störung gleichmäßig durch genaue Messungen zu überdecken, sind außergewöhnliche Bedingungen notwendig, wie sie fast nur in Gebieten mit intensivem Bergbau vorliegen. Aus diesem Grund war lange Zeit kaum

Abb. 17 Kleiner Graben im oberen Muschelkalk mit erkennbaren Veränderungen der Verschiebungsweite, Darmsheim. Es handelt sich **nicht** um synsedimentär aktive Störungen!

24   Geometrie einer Abschiebung

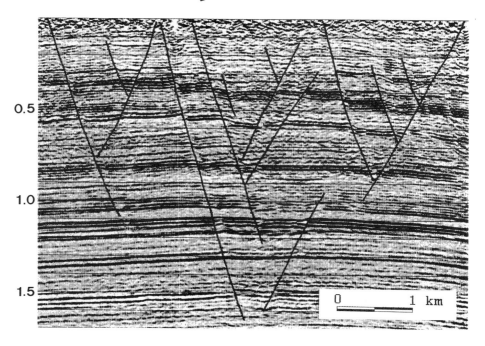

Abb. 18 Seismisches Profil aus dem Bereich des Erdgasfeldes Thönse (Niedersachsen) (aus DULCE & APEL 1991). An den kartierten Abschiebungen nimmt die Verschiebungsweite zur Tiefe hin erkennbar ab. Vertikaler Maßstab in Sekunden Reflexionszeit.

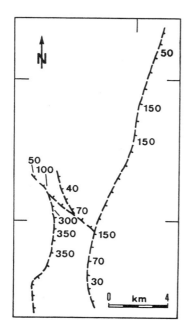

Abb. 19 Ausschnitt aus einer tektonischen Karte von Südoldenburg. Die Zahlenwerte sind Angaben über Sprunghöhen an verschiedenen Stellen der nachgewiesenen Abschiebungen. Umgezeichnet aus einer Karte von PHILIPP (1989).

etwas darüber bekannt, ob die Verteilung des Verschiebungsbetrages an einer Störung klaren Gesetzmäßigkeiten folgt. Wesentlich erweitert wurden die bestehenden Kenntnisse durch Studien einer Arbeitsgruppe der Universität Liverpool, die sich seit einigen Jahren gezielt mit der Untersuchung der Geometrie von Abschiebungen befaßt (RIPPON 1985, WATTERSON 1986, WALSH & WATTERSON 1987a, 1987b, 1988a, 1988b, BARNETT et al. 1987).

Die zweckmäßigste Methode, um Daten über das Verschiebungsverhalten einer Störung graphisch darzustellen, ist die Eintragung der Meßergebnisse auf einer Projektion der Störung. Als mögliche Projektionsfläche eignet sich für Abschiebungen sowohl eine Vertikalebene parallel zum Störungsstreichen als auch die Ebene, in der die Störung selbst liegt. Vermerkt werden können dann die Beträge entweder der gemessenen Verschiebungsweite w, ihrer Vertikalkomponente t oder auch der Horizontalkomponente s. Liegt eine größere Anzahl von Datenpunkten vor, lassen sich anschließend Isolinien konstruieren, durch die Bereiche mit Verschiebungsbeträgen in einer bestimmten Größenordnung eingegrenzt werden. Bei der Konstruktion solcher Diagramme durch die oben genannten Autoren wurden an einzelnen, relativ einfach gebauten Abschiebungen Verhältnisse festgestellt, die in Abb. 20 in schematisierter Form wiedergegeben sind. Die Isolinien ordneten sich in diesen Fällen in Form **konzentrischer Ellipsen** an, wobei sich der Verschiebungsbetrag von seinem Maximum (V_{max}) im Ellipsenzentrum zu allen Seiten hin stetig verringerte. Die äußerste Isolinie (Verschiebungsbetrag 0) markiert dann den Rand der Störung, die **Rißfront** (tip line). Die größere Ellipsenachse (D_1 in Abb. 20) verlief horizontal und in etwa schichtparallel, die kleinere Achse (D_2) parallel zur Einfallsrichtung. Das Achsenverhältnis D_1/D_2, durch das die Form solcher Ellipsen näher charakterisiert werden kann, lag nach den Angaben der Liverpooler Gruppe überwiegend zwischen 1,25 und 3 (WALSH & WATTERSON 1989).

Wie eine Abschiebung der dargestellten Form im Profil erscheint, hängt von der räumlichen Lage der Profilebene ab. In Profilen, die außerhalb der Rißfront liegen, tritt die Störung natürlich noch nicht auf (Profil A in Abb. 20). Nähert sich die Profilebene der kleineren Ellipsen-Achse (D_2), nimmt die Ausdehnung der Störung im Profil stetig zu. Damit vergrößert sich auch der Betrag, um den die einzelnen Schichten jeweils versetzt werden (Profile B-E). In der Störungsmitte erreicht die Verschiebungsweite stets ihr Maximum. Sie verringert sich dann sowohl **zum Liegenden** als auch **zum Hangenden** hin. Daß eine solche Geometrie, die zunächst vielleicht überraschend wirkt, tatsächlich in der Natur gegeben sein kann, belegen die beiden Abschiebungen in Abb. 21. Auch die kleine Störung, die den Graben in Abb. 17 auf der linken Seite begrenzt, zeigt prinzipiell die gleiche Verhaltensweise. Ganz analog zu der Erstreckung im Profil ist die Länge der Ausbißlinie einer ellipsenförmigen Abschiebung im Kartenbild (die **Störungsspur**, fault trace) ebenfalls von der Lage der Schnittfläche abhängig. Auch in einem Horizontalschnitt liegt der Punkt mit der maximalen Verschiebungsweite jeweils in der Mitte der Störungsspur.

Profile, in denen der Verschiebungsbetrag entlang einer Störung variiert, lassen sich mit einem einfachen Diagramm graphisch weiter auswerten, dessen Konstruktionsweise in Abb. 22 demonstriert wird. Dazu wird in dem betreffenden Profil zunächst ein Referenzpunkt (R) auf der Störungsbahn gewählt, der günstigerweise nahe einer ihrer Endpunkte gelegen sein sollte (prinzipiell ist aber auch jede andere Position möglich). Dann wird die Entfernung zwischen dem Referenzpunkt und dem **Abrißpunkt** (cutoff point) einer Schicht ermittelt, wobei man dem Störungsverlauf

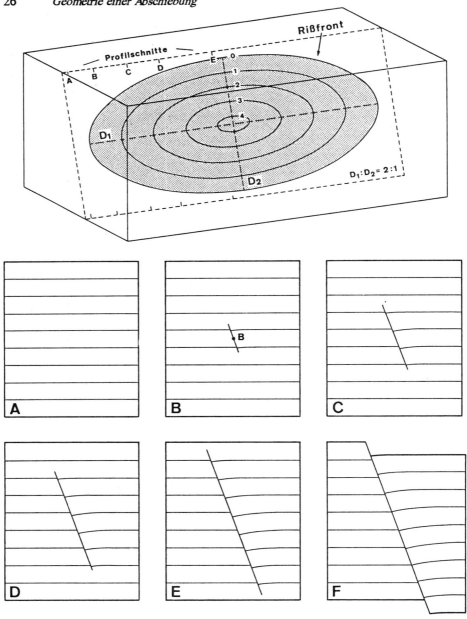

Abb. 20 Das Grundmodell einer Abschiebung. Die Störungsfläche im Blockbild oben ist gerastert und mit Isolinien gleichen Verschiebungsbetrages dargestellt. Die Buchstaben A-E zeigen die Lage der unter dem Blockbild abgebildeten, senkrecht zur Störung verlaufenden Profile. Profil F demonstriert die Situation zu einem Zeitpunkt, als die dargestellte Schicht vollständig von der Abschiebung durchtrennt worden war. Das Verhältnis zwischen der räumlichen Erstreckung und dem Versatzbetrag ist in den Profilen nicht maßstabsgetreu dargestellt. Das Material wurde als homogen angenommen.

Das Grundmodell 27

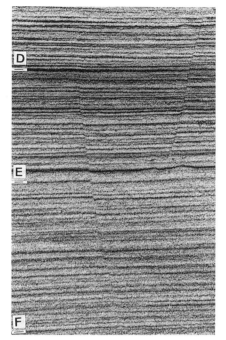

Abb. 21 Zwei Abschiebungen in pleistozänen Sanden, bei denen der Verschiebungsbetrag sein Maximum in etwa in der Störungsmitte erreicht (Foto eines Lackfilmes). Höhe des abgebildeten Ausschnittes ca. 20 cm.

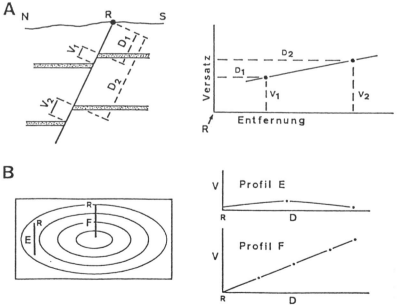

Abb. 22 Zur Konstruktion und Auswertung von D/D-Diagrammen. (A) Konstruktionsweise (Kurve im Diagram 1,5fach überhöht), (B) Abhängigkeit des Kurvenverlaufs von der räumlichen Lage der Profilebene.

folgt. Bei Abschiebungen ist es sinnvoll, dazu den Abrißpunkt auf der Liegendscholle zu verwenden. Ferner wird der Betrag bestimmt, um den die Schicht versetzt wurde. Das Wertepaar wird anschließend in ein kartesisches Koordinatensystem eingetragen und der Vorgang danach für möglichst viele korrelierbare Schichtgrenzen wiederholt. Werden die einzelnen Punkte in diesem **D/D-Diagramm** (abgeleitet vom englischen Fachbegriff 'displacement-distance diagram': MURAOKA & KAMATA 1983, WILLIAMS & CHAPMAN 1983, ELLIS & DUNLAP 1988) zu einer durchgehenden Linie verbunden, so gibt der Verlauf der Kurve Aufschluß über den Gradienten des Verschiebungsbetrages in den einzelnen Profilabschnitten. Dort wo die Kurve ansteigt, nimmt die Versetzung zu, dort wo sie abfällt, verringert sich die Versetzung. Je größer der Betrag der Steigung, desto höher ist der Gradient. Allerdings hängt das erzielte Ergebnis auch von der Schnittlage ab. Befindet sich die Profilebene nahe am Außenrand einer Störung, resultiert allein daraus eine ganz andere Kurvenform und ein weitaus geringerer Gradient als bei einem gleichlangen Profil nahe des Störungszentrums (Abb. 22B). Wenn das Einfallen einer Abschiebung im Meßbereich stärker variiert, kann es sinnvoll sein, die Störung zunächst auf eine gerade Linie (in der Regel die Vertikale) zu projizieren und an dieser Entfernungs- und Verschiebungsdaten zu ermitteln. Andernfalls können im Kurvenverlauf gewisse methodisch bedingte Verzerrungen auftreten.

Zahlenmäßig kann die Beziehung zwischen der Erstreckung einer Störung und ihrem Verschiebungsverhalten durch Angabe eines **Verschiebungsgradienten G** (displacement gradient) beschrieben werden. Er wird definiert als das Verhältnis aus dem maximalen Verschiebungsbetrag entlang der Meßstrecke und der Länge dieser Strecke. Durch den Index v oder h kann gekennzeichnet werden, ob der Gradient in einem Vertikal- (G_v) oder einem Horizontalschnitt (G_h) ermittelt wurde. Vergleiche von Verschiebungsgradienten verschiedener Störungen sind nur dann aussagekräftig, wenn auch die Schnittlagen, in denen die Messungen durchgeführt wurden, übereinstimmen. Daher werden für Vergleichszwecke üblicherweise nur die **mittleren Gradienten G_{vm} oder G_{hm}** verwendet, die entlang der halben Ellipsenachsen D_1 oder D_2, zwischen dem Störungszentrum und dem Außenrand der Störung festgestellt wurden:

$$G_{hm} = V_{max} / (\tfrac{1}{2} \cdot D_1) \quad \text{und} \quad G_{vm} = V_{max} / (\tfrac{1}{2} \cdot D_2)$$

Beispielsweise ergibt sich für eine Störung mit einem Durchmesser D_1 von 1 km, die im Zentrum eine maximale Verschiebungsweite von 10 m aufweist, ein Wert von $G_{hm} = 0{,}02$. Wegen der geringen Zahlenwerte wird in der Literatur oft auch der reziproke Betrag ($1/G_m$) angegeben. Die von der Liverpooler Arbeitsgruppe zusammengestellten Werte liegen zwischen 0,2 (sehr 'weiches' Material) und 0,002 (sehr 'hartes' Material) (BARNETT et al. 1987, WALSH & WATTERSON 1988a, 1989).

Wenn flachliegende Gesteinsschichten an einer **einzelnen** Abschiebung versetzt werden, so ergibt sich die einfache Konsequenz, daß das Einfallen dieser Schichten in der Hangendscholle im Störungsvorfeld zu der Abschiebung hin gerichtet ist. Da sich der Einfallswinkel mit zunehmendem Abstand von der Störung verringert und in einer gewissen Entfernung wieder seinen ursprünglichen Wert erreicht, nehmen die Schichten insgesamt die Form einer weitgespannten **antithetischen Flexur** an (Abb. 23, 24, 25). In der englischsprachigen Literatur wird diese Geometrie manchmal noch mit dem von HAMBLIN (1965) geprägten Begriff 'reverse drag' umschrieben, obwohl dieses Phänomen mit dem Vorgang einer Schichtschleppung nichts gemein-

Abb. 23 Eine antithetische Flexur in der Hangendscholle einer geradlinig verlaufenden Abschiebung aus dem Pleistozän; Foto eines Lackfilmes. In der Liegendscholle des Hauptbruches (links) finden sich keinerlei Spuren einer syndeformativen Hebung. In der Flexur (rechts vom Hauptbruch) tritt eine parallele, nach unten auslaufende Abschiebung auf. Betrachtet man nur einen kleinen Ausschnitt im Umfeld dieser Störung, so könnte aus den Lagerungsverhältnissen irrtümlicherweise auf eine aktive Hebung in deren Liegendscholle geschlossen werden (die Schichten fallen hier entgegengesetzt zur Störung ein). Diese Situation beruht jedoch offensichtlich nur darauf, daß die Flexur bereits weitgehend ausgebildet war, bevor sie von der genannten Abschiebung durchtrennt wurde. Breite des Bildausschnittes ca. 30 cm.

Abb. 24 Antithetische Flexur an einer Abschiebung. Oberer Muschelkalk, Ithlingen.

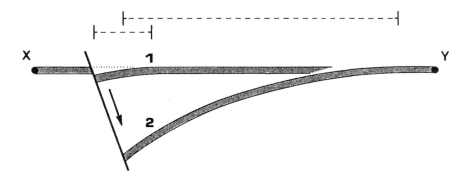

Abb. 25 Die Breite einer antithetischen Flexur als Funktion des Verschiebungsbetrages. (1) und (2) zeigen den gleichen Horizont in unterschiedlichen Entwicklungsstadien der Flexur.

sam hat. Die Breite der Flexur ist eine Funktion des Verschiebungsbetrages (Abb. 25). Sie variiert daher auch mit der Tiefenlage des betrachteten Horizontes in bezug auf das Störungszentrum, was auch für den Einfallswinkel der Schichten an der Störung gilt (Abb. 20). Ferner ist zu berücksichtigen, daß die Schichtverbiegung in zentral gelegenen Profilen stärker in Erscheinung tritt als in Profilen, in denen weiter außen gelegene Teile der Störung angeschnitten sind (Abb. 26). Die maximale Flexurbreite sollte im Idealfall, theoretischen Überlegungen zufolge, dem Störungsradius R_h gleichen (BARNETT et al. 1987, GIBSON et al. 1989).

Fälschlicherweise werden antithetische Flexuren noch oft als Indiz für einen listrischen (gebogenen) Verlauf einer Störung gewertet, weil dieses Phänomen bei listrischen Abschiebungen besonders stark ausgeprägt ist (Abschn. 5.6). Die Tatsache, daß diese Geometrie selten im Zusammenhang mit geradlinig verlaufenden Abschiebungen beschrieben worden ist, beruht sicher zum wesentlichen Teil darauf, daß solche Störungen meist im Verbund mit anderen gleichartigen Abschiebungen auftreten. So können antithetische Störungen die Flexurbildung zu einem beträchtlichen Teil kompensieren oder benachbarte Störungen können sich derart in ihrer Wirkung überlagern, daß die feststellbaren Veränderungen im Schichteinfallen innerhalb eines gestörten Profiles zu gering bleiben, um eindeutig einer antithetischen Flexur zugeordnet zu werden.

In Abb. 26 sind die beiden **Kreuzlinien** (cut-off lines), die sich aus dem Schnitt einer flachliegenden Schicht mit einer ellipsenförmigen Abschiebung ergeben, in Form breiterer Linien dargestellt. Es ist offensichtlich, daß zwischen der liegenden und der hangenden Kreuzlinie eine Längendifferenz besteht, bedingt durch die laterale Änderung des Verschiebungsbetrages. Die Größe des Differenzbetrages hängt auch von der Länge der Störung, insbesondere aber von dem 'horizontalen' Verschiebungsgradienten G_h und damit von der Festigkeit des durchtrennten Materials ab. Der Neigungs- oder Pitch-Winkel γ der hangenden Kreuzlinie auf der Störungsfläche, durch den sich das Einfallen der Schicht zum Störungszentrum hin charakterisieren läßt, kann unmittelbar aus diesem Gradienten bestimmt werden:

$$\gamma = \arctan(V / (\tfrac{1}{2} \cdot D_1)) = \arctan(G_h)$$

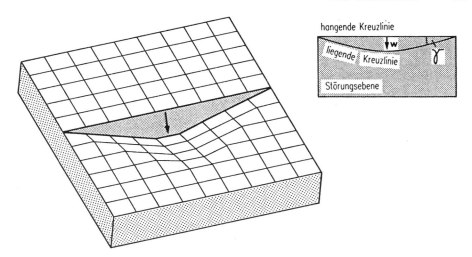

Abb. 26 Die seitliche Änderung des Verschiebungsbetrages an einer ellipsenförmigen Abschiebung. Im Blockbild sind die liegende und die hangende Kreuzlinie durch breitere Linien markiert.

Der Winkel ist bei festen Gesteinen geringer als bei weniger festen Gesteinen. Um die Größenordnung zu demonstrieren: für einen Wertebereich von G_{hm} zwischen 0,02 und 0,05 (was einen großen Teil der Gesteine in der oberen Kruste überdeckt) liegen die Pitch-Winkel etwa zwischen 1,1° und 2,9°. Wenn im Gelände weitaus größere Winkel gemessen werden, sind dafür andere Ursachen mitverantwortlich, in erster Linie Schollenrotationen (Abschn. 5.3). An der Längenzunahme der hangenden Kreuzlinie zeigt sich, daß die absinkende Hangendscholle während der Aktivität einer Abschiebung eine Dehnung parallel zum Störungsstreichen erfährt, was dort zu einer Verminderung der (störungsparallelen) mittleren Hauptspannung σ_2 führen kann. Insbesondere bei einer ungleichmäßigen Schollenabsenkung wird diese Spannung unter Umständen lokal sogar soweit reduziert, daß erneut der Grenzzustand erreicht wird. In der Folge können sich dann **Querstörungen** bilden, die mehr oder minder senkrecht zu der ersten Abschiebung verlaufen und an dieser terminieren (BRIX et al. 1985, MANDL 1988, PRICE & COSGROVE 1990).

Die Profilserie in Abb. 20 verdeutlicht nicht nur räumliche Zusammenhänge, sie kann gleichzeitig auch als vereinfachtes geometrisches Modell für die zeitliche Entwicklung einer Abschiebung dienen. In diesem Fall geben die einzelnen Schnitte verschiedene Entwicklungsstadien in der Profilebene wieder, in der die kleinere Ellipsenachse (D_2) liegt. Auf der mikroskopischen Ebene ist die Entstehung einer spröden Scherzone ein außerordentlich komplizierter Vorgang, wie Untersuchungen an natürlich entstandenen Mikrostörungen und an experimentell gescherten Proben deutlich machen (ENGELDER 1974, MANDL et al. 1977, AYDIN 1978, AYDIN & JOHNSON 1978, PITTMAN 1981, JAMISON & STEARNS 1982, AYDIN & JOHNSON 1983, EVANS & WONG 1985, UNDERHILL & WOODCOCK 1987, MANDL 1988, LLOYD & KNIPE 1992). Der Prozeß beginnt mit der Öffnung vorhandener und der Bildung neuer **Mikrorisse** (microcracks), verbunden mit einer geringen anfänglichen

Abb. 27 Zwei Beispiele für außerordentlich schmale, geradlinig verlaufende Abschiebungen. (A) Oberkreide, Schwaney. (B) Oberer Muschelkalk, Knittlingen.

Dilatanz des Gesteins. Diese Mikrorisse wachsen bei zunehmender Differentialspannung immer mehr zu einem ausgedehnten Netzwerk zusammen, was zu einer ständigen **Kornverkleinerung** und schließlich zur Bildung einer **Mikrobrekzie** innerhalb der Scherzone führt. Die Ausdehnung der Scherzone und der weitere Schervorgang werden begleitet von einer anhaltenden Korngrößenverminderung, einer zunehmenden Reorientierung (Einregelung) der Körner und gewissen Sortierungsvorgängen innerhalb des Materials der Scherzone, so daß die Porosität dort deutlich absinkt. Diese **Scherentfestigung** ist hauptsächlich dafür verantwortlich, daß sich Schervorgänge im spröden Bereich auf enge Bahnen im Gestein **konzentrieren** (Abb. 27). Aufgrund des verminderten Scherwiderstandes an einer 'entfestigten' Stelle wird dort eine intensivere Scherverformung stattfinden, die wiederum eine noch stärkere Entfestigung zur Folge hat (MANDL 1988). Bei hohen Drücken und Temperaturen können zu den 'spröden' Prozessen noch andere, 'duktile' Verformungsmechanismen hinzukommen, bei denen Diffusionsprozesse eine wesentliche Rolle spielen.

Makroskopisch betrachtet, bildet sich eine Störung durch radiale Ausbreitung der **Rißfront**, ausgehend von einem punktförmigen **Bruchursprung** (dem späteren Bruchzentrum) (Abb. 28; ELLIOTT 1976, BOYER & ELLIOTT 1982, WILLIAMS & CHAPMAN 1983, MURAOKA & KAMATA 1983, FARRELL 1984, HOSSACK 1984, BARNETT et al. 1987, ELLIS & DUNLAP 1988). An der Rißfront wird die Kohäsion des Gesteins aufgehoben, so daß im Idealfall zwei neue, sich ständig vergrößernde

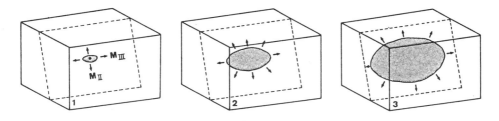

Abb. 28 Die radiale Ausbreitung einer Abschiebung in der Aufsicht auf die Störungsebene (gestrichelt dargestellt). Der Punkt markiert das Bruchzentrum.

Oberflächen entstehen (die **Störungsflächen**), von denen eine die Liegendscholle, die andere die Hangendscholle begrenzt. Gleichzeitig kommt es bei diesem Prozeß auch in der Umgebung der Rißfront zu einer internen Deformation des Gesteins, wodurch eine geringe **Versetzung** der durchtrennten Schichten verursacht bzw. überhaupt erst ermöglicht wird. Diese Verformung dokumentiert sich in geringfügigen Veränderungen der Schichtmächtigkeiten im unmittelbaren Störungsumfeld (Profile B-E). In dem Sektor, in dem die Richtung der **Rißausbreitung** mit der Richtung der **Verschiebung** übereinstimmt (in dem Modell in Abb. 20 an der 'liegenden' Rißfront), hat die Verformung kompressiven Charakter, so daß sich hier die Mächtigkeit verringert. Dagegen hat sie in dem Sektor, in dem die beiden Prozesse in entgegengesetzter Richtung verlaufen (in Abb. 20 an der 'hangenden' Rißfront), Extensionscharakter und führt dort zu einer Mächtigkeitszunahme. Im Sedimentbereich werden Veränderungen im Kompressionssektor in erster Linie durch Kompaktions- oder Drucklösungsprozesse bewerkstelligt, im Extensionssektor je nach Verfestigungsgrad durch Auflockerungen des Kornverbandes oder die Anlage kleinster Brüche. Um den skizzierten Sachverhalt an einem Geländebeispiel zu belegen, wurden in Abb. 21 drei Schichten markiert: oberhalb und unterhalb der größeren der beiden Abschiebungen und in dem Bereich, in dem diese Störung ihren größten Versatz aufweist. Es zeigt sich, daß die **direkt an der Störung** gemessene Mächtigkeit des Schichtintervalls DE in der Hangendscholle etwas größer ist als in der Liegendscholle. Übereinstimmend mit dem Modell sind die Verhältnisse beim Intervall EF genau umgekehrt.

Im 'Hinterland' der Rißfront beschränkt sich die weitergehende Deformation im wesentlichen auf eine Gleitbewegung entlang den dort schon bestehenden Störungsabschnitten, die nur durch Reibungswiderstände auf der Trennfläche behindert wird. Solange aber die Störung noch vollständig in mechanisch starken Gesteinen verläuft, also weder die Oberfläche erreicht hat (blind fault), noch an einer anderen Trennfläche oder in Ton- oder Salzgesteinen terminiert, sind Hangend- und Liegendscholle noch relativ eng miteinander verbunden und vergleichsweise wenig beweglich (Stadium A-E in Abb. 20).

Wie leicht Volumenveränderungen im Umfeld der wandernden Rißfront möglich sind, richtet sich natürlich nach der jeweiligen Festigkeit der durchtrennten Gesteinsschichten. Folglich bestimmen die **Festigkeitseigenschaften** das Verhältnis zwischen der Versetzung, die bei der Bruchfortpflanzung eintritt, und der Rißlänge (den Verschiebungsgradienten). Generell gilt, daß dieses Verhältnis in festeren Gesteinen klei-

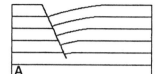 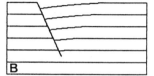 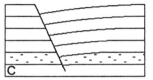

Abb. 29 Ergebnisse von Modellrechnungen zur Geometrie von Abschiebungen. Dargestellt sind jeweils nur Profile durch die untere Ellipsenhälfte. Das Verhältnis Rißlänge/maximaler Verschiebungsbetrag beträgt in (A) ungefähr 12, in (B) ungefähr 25. In (C) ist eine weniger feste Schicht (gestrichelt, Rißlänge/maximaler Verschiebungsbetrag=10) in festeres Material (Rißlänge/maximaler Verschiebungsbetrag=25) eingeschaltet.

ner ist als in weniger festen. Je größer dieses Verhältnis wird, um so größer ist das Ausmaß der internen Verformung, die den Bruchprozeß begleitet. Zur Veranschaulichung zeigt Abb. 29 Ergebnisse aus einer Simulation, in der die Geometrie für Abschiebungen definierter Länge in unterschiedlich kompetentem Material berechnet wurde. Die relative Leichtigkeit, mit der verformungsbedingte Volumenänderungen in Lockersedimenten möglich sind, ist der eigentliche Grund dafür, weshalb sich dort schon auf kürzester Distanz (cm-Bereich) meßbare Veränderungen des Verschiebungsbetrages vollziehen. Auch die große, immerhin zwei Zehnerpotenzen überdekkende Schwankungsbreite in den publizierten Daten über Verschiebungsgradienten (BARNETT et al. 1987, COWIE & SCHOLZ 1992, GILLESPIE et al. 1992) resultiert sicher zu einem erheblichen Teil aus Materialunterschieden, da in diese Zusammenstellung Erkenntnisse aus ganz unterschiedlich verfestigten Gesteinen eingeflossen sind. In der Art des Deformationsprozesses an der Rißfront liegt auch der prinzipielle Unterschied zwischen Störungen, die mechanisch gesehen **Scherbrüche** darstellen, und der weitaus überwiegenden Zahl der Klüfte, die **Trennbrüche** repräsentieren. Bei letzteren führt der Bruchvorgang lediglich zu einer reinen Trennung und Öffnungsbewegung (Bruchmodus I), im Gegensatz zu den beschriebenen Erscheinungen bei der Bildung von Störungen. Die Bruchausbreitung in Einfallsrichtung entspricht bei Abschiebungen aus bruchmechanischer Sicht dem Bruchmodus II, in Richtung des Streichens dem Bruchmodus III (Abb. 28).

Kontrovers diskutiert wird seit längerem der Begriff **Scherkluft**, mit teilweise extremen Standpunkten mancher Fachkollegen ('*the concept of shear joints is sheer nonsense*' POLLARD & AYDIN 1988). Der Verfasser definiert Scherklüfte als Störungen, deren Entwicklung bereits im Initialstadium stehengeblieben ist. Betrachtet man beispielsweise eine kleine Abschiebung in einem einigermaßen verfestigten Sediment, so ergibt sich bei einem Störungsradius von 20 cm und einem mittleren Verschiebungsgradienten G_{hm} von 0,02 eine maximale Verschiebungsweite im Störungszentrum von 4 mm. Liegt der Profilschnitt weiter vom Zentrum entfernt, kann sich dieser Wert, wie oben demonstriert, noch erheblich vermindern. Solche geringen Beträge sind im Gelände erfahrungsgemäß nur bei besonderen lithologischen Verhältnissen, in außerordentlich feingeschichteten Wechsellagerungen zu erkennen. Daher werden Trennflächen wie die kleinen listrischen Abschiebungen in Abb. 30, an denen wegen der einheitlichen Schichtbeschaffenheit makroskopisch kein Versatz feststellbar ist, im Gelände gemäß der Definition von H. CLOOS normalerweise als Klüfte (in diesem Fall Scherklüfte) angesprochen.

Abb. 30 Kleine, listrisch gekrümmte Abschiebungen mit minimalem Versatz ('Scherklüfte') in einer Kalkbank. Oberkreide, Beckum.

In der Diskussion befindet sich zur Zeit noch die Frage, inwieweit die **Liegendscholle** bereits während der Entwicklung einer Abschiebung von **Hebungsprozessen** (footwall uplift) betroffen ist. Solche Hebungen sind von tiefreichenden Abschiebungen, die große Krustenblöcke seitlich begrenzen, wohlbekannt und spiegeln sich auch in rezenten Krustenbewegungen an seismisch aktiven Störungen wider (SAVAGE & HASTIE 1966, ZANDT & OWENS 1980, STEIN & BARRIENTOS 1985). Allerdings wird die Hebung hierbei meist als sekundäres Phänomen angesehen, vor allem als Folge isostatischer Ausgleichsbewegungen oder als ein Effekt, der durch Schollenrotationen nach dem Domino-Prinzip (Abb. 66C, D) verursacht wird (JACKSON & MCKENZIE 1983, BARR 1987, BUCK 1988, WERNICKE & AXEN 1988, YIELDING 1990, KUSZNIR et al. 1991, ROBERTS & YIELDING 1991). Demgegenüber postuliert die Liverpooler Arbeitsgruppe in ihrem Modell, das zum großen Teil auf Analogien zur Bewegung elastischer Dislokationen beruht (vgl. dazu HOBBS et al. 1976, ELLIOTT 1976), jedoch signifikante Hebungen bereits im unmittelbaren Zusammenhang mit dem Bruchprozeß. Der Schichtverlauf in der Liegendscholle soll dabei ein direktes Äquivalent zum Schichtverlauf in der abgesenkten Hangendscholle bilden (Abb. 31). Als geologische Indizien für dieses Modell werden Geländebeispiele angeführt, in denen ein solcher oder ähnlicher Schichtverlauf im Störungsvorfeld zu erkennen ist (BARNETT et al. 1987). Hierbei besteht insofern ein Problem, als im Sediment-Stockwerk eine größere Zahl von Mechanismen existiert, die zu gleichartigen Lagerungsverhältnissen führen oder solche in Profilschnitten als Folge eines Schnitteffektes vortäuschen können. Dazu gehören u.a. vorausgegangene Schichtverbiegungen,

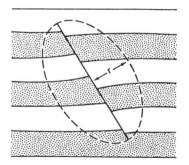

Abb. 31 Geometrie einer Abschiebung unter Berücksichtigung syndeformativer Hebungen in der Liegendscholle (aus BARNETT et al. 1987; mit Genehmigung der *American Association of Petroleum Geologists*).

Schollenrotationen, Diapirismus und Inversionsbewegungen. Auch die Gegebenheiten im Umfeld der Abschiebung, die die antithetische Flexur in Abb. 23 durchtrennt, könnten, allein für sich betrachtet, leicht dahingehend interpretiert werden. Da zumindest unter den eigenen Daten über kleinere Abschiebungen kaum Anhaltspunkte für Hebungen in der Liegendscholle während der Störungsaktivität vorlagen, wurde dieses Phänomen in den Profilen der Abb. 20 noch nicht berücksichtigt.

4.2 Modifikationen des Grundmodells

Verglichen mit der Gesamtzahl von Abschiebungen, die innerhalb eines gestörten Gebietes auftreten, ist der Anteil einfacher, vollständig im Gestein eingeschlossener Abschiebungen, deren Geometrie mit dem beschriebenen Ellipsen-Modell genau übereinstimmt, sicher eher gering. Aber auch die Geometrie vieler anderer Störungen läßt sich aus dem Grundmodell ableiten. Die wichtigsten Modifikationen werden in den folgenden drei Abschnitten erläutert.

4.2.1 Asymmetrische Geometrien

Eine ideale Ellipsenform ist stets das Ergebnis einer **symmetrischen** Rißausbreitung, bei der sich die Rißfront in gleicher Weise in Richtung Hangendes und Liegendes fortgepflanzt hat. Nur in diesem Fall befindet sich das Verschiebungsmaximum genau im Störungszentrum. Wenn der Bruchprozeß jedoch **asymmetrisch** verläuft (wenn sich die Rißfront auf einer Seite weiter ausbreitet als auf einer anderen), ist die Ellipse nur unvollständig ausgebildet. Das einfachste Beispiel bilden Abschiebungen, deren Rißfront im Hangenden bereits die Oberfläche erreicht hatte, während die Rißausbreitung im Liegenden noch eine gewisse Zeit weiter gehen konnte. In der Isoliniendarstellung ergeben solche Störungen eine Form, bei der ein Teil der oberen Ellipsenhälfte abgeschnitten erscheint (Abb. 32A). Umgekehrt kann auch ein Teil der unteren Ellipsenhälfte fehlen, etwa wenn eine Abschiebung oberhalb des Bruchursprungs normal ausgebildet ist, im Liegenden jedoch unvermittelt in duktilem Material terminiert (Abb. 32B, 33; CHRISTIAN 1969, ROUX 1979, JENYON 1986b). Auch die Extremfälle sind möglich, in denen sich der Bruchursprung und damit das Ver-

Asymmetrische Geometrien 37

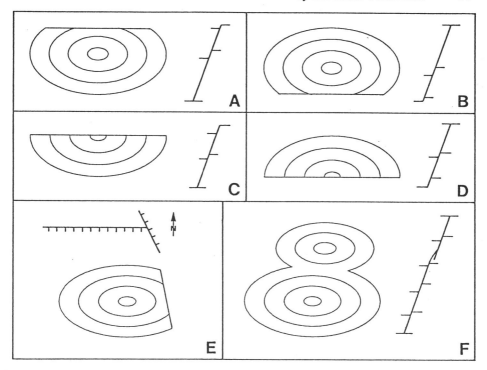

Abb. 32 Einfache Modifikationen des Grundmodells einer Abschiebung. In A-D und F ist auf der linken Seite jeweils die Isoliniendarstellung skizziert, rechts daneben das charakteristische Erscheinungsbild der verschiedenen Abschiebungsformen im Querprofil. E zeigt oben eine Kartenansicht, unten das Isolinienbild. Weitere Erläuterungen im Text.

schiebungsmaximum genau an einem Störungsende befindet (Abb. 32C, D). Sie sind häufig an spezielle Arten von Extensionsprozessen gebunden. Wenn der Bruchursprung an der Geländeoberfläche liegt, wie es beispielsweise bei einer Aufdomung der Fall sein kann (Abschn. 2.3), so ist es klar, daß sich die betreffende Störung nur zum Liegenden hin fortpflanzt (vorausgesetzt natürlich, daß die Störung nicht gleichzeitig von jüngeren Ablagerungen überdeckt wird). Die Isolinienkonfiguration entspricht bei solchen Störungen der **unteren Hälfte** einer Ellipse (Abb. 32C). Dieser Sachverhalt bedeutet, daß sich der Verschiebungsbetrag mit zunehmender Tiefe stetig verringert, was sowohl im Laborexperiment als auch an gut untersuchten Salzstöcken nachgewiesen wurde (WALLACE 1944, PARKER & MCDOWELL 1955, CURRIE 1956, TUCKER 1968, FALLAW 1973). Die umgekehrte Konstellation ist typisch für Abschiebungen, deren Entwicklung in unmittelbarem Zusammenhang mit differentiellen **Absenkungen** steht, etwa als Folge von Fließvorgängen in Salzgesteinen. Liegt das Bruchzentrum an der Basis der absinkenden Einheit (in dem genannten Beispiel also an der Unterkante des Deckgebirges), wird die Geometrie der resultierenden Abschiebungen im Idealfall mit der **oberen Ellipsenhälfte** übereinstimmen (Abb. 32D). In diesem Fall konnte sich der Bruch lediglich nach oben hin ausbreiten und in der

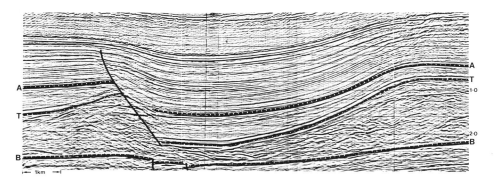

Abb. 33 Beispiel einer großen Abschiebung, die im Liegenden in duktilem Material (Salz) terminiert und im Hangenden kontinuierlich ausläuft. Seismisches Profil einer Salzschwelle aus der südlichen Nordsee mit Abschiebungen im Deckgebirge. Salzintervall zwischen B und T. Vertikaler Maßstab in Sekunden Reflexionszeit (aus JENYON 1986b).

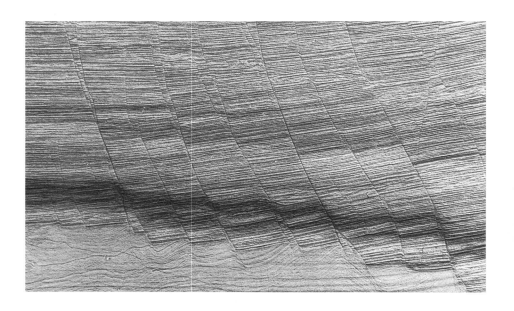

Abb. 34 Pleistozäne Abschiebungen, bei denen der Bruchursprung und damit das Verschiebungsmaximum am unteren Störungsende liegen. Die Fließbewegung innerhalb der Schlufflage an der Basis der Sedimentfolge verlief von links nach rechts. Zu beachten ist auch die deformationsbedingte Zunahme des Schichteinfallens in gleicher Richtung. Foto eines Lackfilmes; der abgebildete Ausschnitt ist ca. 60 cm breit.

gleichen Richtung vermindert sich folglich auch der Verschiebungsbetrag. Abb. 34 zeigt kleinere Abschiebungen, die auf die prinzipiell gleiche Weise entstanden sind. Die Rolle der mobilen Einheit spielte hier eine feinsandige, zum Zeitpunkt der Bruchdeformation sicher sehr wasserreiche Schlufflage, die unter dem Gewicht der auflagernden Schmelzwassersande seitwärts zu fließen begann. Eine ähnliche Geometrie mit dem Bruchzentrum am unteren Störungsende kennzeichnet zum Beispiel auch sekundäre antithetische Abschiebungen, die an Knickpunkten im Verlauf eines Hauptbruches gebildet wurden (Abb. 51). Analoge Verhältnisse zeigen sich bei Sandbox-Experimenten, in denen die Auswirkungen von Schollenverschiebungen im Untergrund simuliert werden (HORSFIELD 1977, MANDL 1988).

Wenn eine Rißfront seitlich auf eine bereits vorhandene, mechanisch wirksame Trennfläche anderer Orientierung trifft (eine Kluft oder eine Störung), kann die Bruchausbreitung in diesem Bereich leicht zum Stillstand kommen, weil auf der anderen Seite dieser Trennfläche eine etwas andere Spannungssituation vorherrscht oder die Trennfläche selbst teilweise geöffnet ist. Die Verschiebung entlang der schon bestehenden Störungsabschnitte kann aber dennoch ohne jede Schwierigkeit weitergehen, wobei die seitliche Trennfläche dann den Charakter einer Transferstörung annimmt (Abschn. 5.7). Unter diesen Bedingungen entsteht eine Störungskonfiguration, in der die Isolinien seitlich unvermittelt an einer Linie enden (Abb. 32E). Diese Begrenzungslinie wird dabei mehr oder minder diagonal zu den Ellipsenachsen verlaufen, je nach den genauen Einfallsbeträgen der beiden Bruchstrukturen und nach der Größe des von ihnen eingeschlossenen Winkels. Wird das Störungsnetz innerhalb eines Bereiches infolge fortgesetzter Extension zunehmend dichter, werden Abschiebungen vermehrt auf verschiedenen Seiten an anderen Störungen enden (Abb. 72). Die Form bzw. der Umriß vieler Störungen wird unter diesen Umständen erfahrungsgemäß immer unregelmäßiger.

Eine asymmetrische Störungsgeometrie kann schließlich auch einfach daraus resultieren, daß sich die Störung durch Schichten unterschiedlicher **Materialbeschaffenheit** fortgepflanzt hat. Anders als in dem Grundmodell in Abb. 20, in dem von einem homogenen Material ausgegangen wurde, können die Verschiebungsgradienten dann von Schicht zu Schicht wechseln (Abb. 29C). In weniger festen, d.h. leichter deformierbaren Schichten sind die Abstände der Isolinien in diesem Fall geringer als in festeren Einheiten.

4.2.2 Segmentstrukturen

Größere Abschiebungen gehen oft aus einzelnen, mehr oder weniger parallelen Störungssegmenten hervor, die sich anfangs getrennt entwickeln und erst im weiteren Verlauf des Bruchprozesses zu einer durchgehenden Störung zusammenwachsen. Auf diese Weise können sich Störungszonen sowohl im Streichen (hintereinander liegende Segmente) als auch in der Einfallsrichtung (untereinander liegende Segmente) weiter fortpflanzen. Abb. 35 zeigt kleine Abschiebungen in der Profilansicht, bei denen die Bruchausbreitung kurz vor der Vereinigung zweier Segmente gestoppt wurde. Die prinzipielle Art der Verschiebungsverteilung bei einer Abschiebung, die aus der Verbindung mehrerer Segmente entstanden ist, demonstriert Abb. 36. Auf der späteren, durchgehenden Bruchfläche erreicht der Verschiebungsbetrag in diesem Fall **an mehreren** Punkten (den jeweiligen Bruchzentren der einzelnen Teilstörungen) ein **relatives Maximum**. Dazwischen liegen **Minima**, die die ehemaligen Treffpunkte der verschiedenen Rißfronten kennzeichnen. Wie ausgeprägt die Unterschiede zwischen den Maxima und Minima betragsmäßig sein können, richtet sich nach der Art des durchtrennten Materials und nach der Entfernung der einzelnen Bruchzentren. Je größer ihr Abstand voneinander ist, desto deutlicher treten die einzelnen Maxima im D/D-Diagramm oder im Isolinienbild hervor (Abb. 32F). Ist der Abstand hingegen sehr klein bezogen auf die Gesamterstreckung einer Störungszone, können sich auch die Unterschiede zwischen benachbarten Maxima und Minima soweit verringern, daß eine genaue Differenzierung der ursprünglichen Segmente nicht mehr möglich ist.

Wenn ein Segment nicht exakt in der Projektion des anderen verläuft, werden sich zwei gegenüberliegende, gleichzeitig aktive Störungsenden zunächst ein begrenztes Stück überlappen, bevor die endgültige Verbindung zwischen beiden Störungen hergestellt wird (Abb. 35B). Die wenigen bislang verfügbaren Messungen deuten darauf hin, daß die Gradienten des Verschiebungsbetrages in diesem speziellen Endbereich um einiges höher sind als in anderen Störungsteilen (MURAOKA & KAMATA 1983, PEACOCK & SANDERSON 1991). Einem sehr steilen Abfall der Kurve der einen Störung steht dann ein ebenso starker Kurvenanstieg der anderen entgegen. Addiert man die Verschiebungsbeträge beider Störungen im Überlappungsbereich, ergeben sich häufig Werte, die ungefähr mit den Verschiebungsbeträgen in den anschließenden Störungsteilen übereinstimmen.

In eine Scherzone können ohne weiteres auch **Trennbruchsegmente** in Form steiler **Klüfte** einbezogen werden. Die Bildung der Klüfte kann dabei in unmittelbarem Zusammenhang mit dem Schervorgang stehen (syndeformative Klüfte) oder auf einen älteren Prozeß zurückgehen (präexistente Klüfte). Teilabschnitte einer Scherzone, in denen in größerem Umfang steile Klüfte auftreten, werden einen geringeren Verschiebungsgradienten aufweisen als vergleichbare Teilabschnitte ohne Klüfte. Hinzu kommt, daß die Störungsbahn dort im Anfangsstadium einen treppenartigen Verlauf annehmen wird, der anschließend in einer verstärkten Bildung sekundärer Störungen resultiert (Abschn. 5.2). Abb. 37A zeigt eine mikroskopisch kleine Scherzone, in der das Zusammenspiel der verschiedenen Bruchstrukturen besonders deutlich wird. Bedingt durch ihr unterschiedliches Materialverhalten sind in manchen Schichten kleinste Scherbrüche, in anderen jedoch Klüfte angelegt worden. Schon die geringste Verschiebung entlang der flacher einfallenden Scherbrüche bewirkt eine Öffnung derjenigen Klüfte, die mit ihnen direkt verbunden sind (pull-apart vein, HANCOCK 1985). Auch bei den drei Scherzonen, die Abb. 37C zeigt, sind Klüfte offensichtlich in einem frühen Stadium der Scherzonenentwicklung entstanden. Am linken Bildrand ist besonders gut zu erkennen, daß sich Klüfte staffelartig entlang einer Linie aufreihen, die für den Verlauf einer Abschiebung typisch wäre. Ein makroskopisch sichtbarer, durchgehender Scherriß ist hier aber noch nicht vorhanden. In der mittleren Scherzone läßt sich immerhin schon ein Versatz einiger Schichtgrenzen feststellen. Am weitesten fortgeschritten ist die Entwicklung in der Scherzone rechts. Auffallend ist hier zusätzlich die duktile Verformung im mittleren Teilabschnitt, die sich in der flexurartigen Verbiegung einer Schicht und in der beträchtlichen Ausdünnung in der darunter liegenden Schicht dokumentiert.

Abb. 35 Zwei Beispiele für den segmentären Aufbau einer Störungszone. (A) Pleistozän (Foto eines Lackfilmes); die Höhe des abgebildeten Bereiches beträgt ca. 8 cm. (B) Oberer Muschelkalk, Vahlbruch.

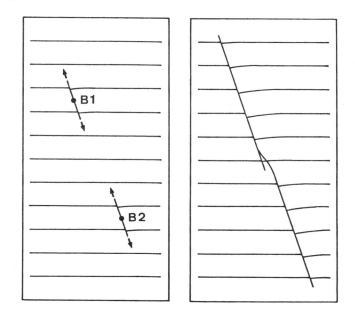

Abb. 36 Zusammenwachsen von Störungssegmenten zu einer durchgehenden Störung (Prinzipskizze).

42 Geometrie einer Abschiebung

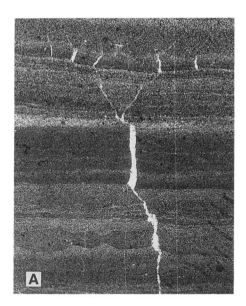
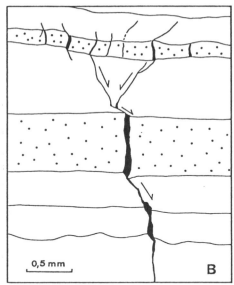

Abb. 37 Scherbruch und Trennbruchsegmente (Klüfte) in einer Scherzone. (A) Makroaufnahme von einem Dünnschliff eines mikritischen Kalksteines aus dem unteren Muschelkalk (Bildhöhe ca. 2 cm), (B) Kartierung der Dünnschliffaufnahme, (C) Aufschlußfoto aus einem Steinbruch im oberen Muschelkalk, Darmsheim.

4.2.3 Besondere Störungsformen

Eine besonders komplexe Verschiebungsverteilung kennzeichnet viele **synsedimentäre** Abschiebungen (contemporanous faults, growth faults), die in Sedimentbecken weit verbreitet sind. Darunter werden bis zur Oberfläche reichende Störungen verstanden, die über einen langen Zeitraum kontinuierlich oder episodisch aktiv bleiben, während gleichzeitig im Störungsumfeld in beträchtlichem Umfang Sedimente abgelagert werden. Auf der stärker absinkenden Hangendscholle werden dabei meist erheblich größere Schichtmächtigkeiten erzielt als auf der angrenzenden Liegendscholle.

Bei Abschiebungen, die während einer längeren Ruheperiode von Sedimenten überdeckt werden und sich anschließend, bei einer erneuten Aktivierung weiter in die Deckschichten fortpflanzen, lassen sich vereinfacht zwei Abschnitte mit einer unterschiedlichen Art der Verschiebungsverteilung voneinander abgrenzen (Abb. 38B). Der untere Teil umfaßt den Bereich zwischen dem unteren Störungsende und der obersten Schicht, die noch versetzt wurde, als die Störung zum ersten Mal die Oberfläche erreichte (Abschnitt A in Abb. 38B). Die Geometrie dieses Abschnittes unterscheidet sich prinzipiell nicht von der anderer, einfach gebauter Abschiebungen. Der Bauplan des darüberliegenden Bereichs ist hingegen erheblich komplizierter. So ist hier abschnittsweise mit außergewöhnlich hohen Verschiebungsgradienten, vor allem

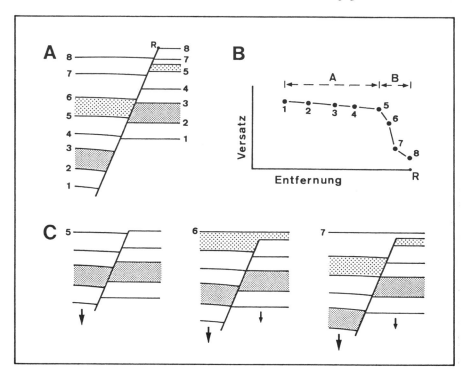

Abb. 38 Prinzipskizze (A) und D/D-Diagramm (B) einer synsedimentären Abschiebung. (C) veranschaulicht die Entwicklung der Störung zu drei unterschiedlichen Zeitpunkten.

aber mit **sprunghaften** Veränderungen des Verschiebungsbetrages zu rechnen, die sich nach den jeweiligen Aktivitätsphasen der einzelnen Störungen richten (Abschnitt B in Abb. 38B). Auch wenn der Bruchursprung nicht in größerer Tiefe sondern direkt an der Oberfläche liegt, läßt sich die gleiche Zweiteilung vornehmen. In diesem Fall weist nur der Bereich unterhalb des Bruchursprungs den 'normalen' Bauplan auf. Noch verwickelter wird das Verschiebungsmuster, wenn einzelne bereits gestörte Schichten zwischenzeitlich der Erosion ausgesetzt waren und abgetragen wurden. Voraussagen über wahrscheinliche Verschiebungsbeträge an bestimmten Positionen einer synsedimentären Störung erfordern daher genaueste Daten über die lokalen Schichtmächtigkeiten.

Wenn die Hangendscholle einer Abschiebung relativ frei beweglich ist, kann sie neben reinen Translationsbewegungen auch Drehbewegungen ausführen. Solche **Schollenrotationen** (fault block rotations) können je nach Lage der Drehachse mehr oder minder große Verzerrungen im Isolinienbild der Verschiebungsverteilung hervorrufen. Verläuft beispielsweise die Drehachse senkrecht zur Störung, so ist der Versatz, den ein Punkt erfährt, um so größer, desto weiter er von der Drehachse entfernt liegt (Abb. 62). Bei einer Analyse entsprechender Störungsdaten aus dem Gelände ist zunächst zu prüfen, welche Art einer Schollenrotation vorliegt (Abschn. 5.3). Anschließend ist zu entschlüsseln, in welchem Umfang der Verschiebungsbetrag translations- oder rotationsbedingt ist.

Abschiebungen können auch aus einer **Reaktivierung** (reactivation) älterer Bruchstrukturen hervorgehen, die ursprünglich einen ganz anderen mechanischen Charakter hatten. In Frage kommen dafür in erster Linie Überschiebungen, die später als flache Abscherbahnen dienen, und bankrechte Klüfte, die vorwiegend für vertikal gerichtete Blockverschiebungen genutzt werden (Abschn. 5.8). Über die Verteilung des Verschiebungsbetrages an solchen sekundären Abschiebungen liegen bislang allerdings kaum Erkenntnisse vor. Im Fall reaktivierter Klüfte ist theoretisch zu erwarten, daß sich der Verschiebungsbetrag entlang der Trennfläche weniger schnell verändert als bei einer neu entstehenden Störung, da die Verformung in diesem Fall nur durch die Restscherfestigkeit der bereits vorhandenen Bruchfläche behindert wird. Unter diesen Umständen sollte also das Verhältnis Verschiebungsbetrag/Rißlänge um einiges kleiner sein als bei primären Abschiebungen in dem gleichen Gestein. Reaktivierte Auf- oder Überschiebungen werden überhaupt nur als Abschiebungen identifiziert, wenn der spätere Ausweitungsbetrag den ursprünglichen Einengungsbetrag übertrifft oder wenn eindeutige Bewegungsindikatoren auf den Störungsflächen die Reaktivierung belegen. Die endgültige Verschiebungsverteilung resultiert dann aus der Überlagerung verschiedenartiger Bewegungen. Selbst Mischformen sind möglich, wobei die Störungen sich dann aus reaktivierten Teilabschnitten alter Auf- oder Überschiebungen und aus neu gebildeten Abschiebungssegmenten (WILLIAMS et al. 1989, BRUN et al. 1991, KRANTZ 1991) zusammensetzen. Derartige Störungsbeispiele wurden bislang allerdings noch zu wenig untersucht, als daß es in solchen Fällen bereits möglich wäre, aus der gemessenen Verschiebungsverteilung relativ sicher auf die einzelnen Entwicklungsphasen zu schließen. Auf Phänomene, die sich im umgekehrten Fall ergeben, wenn primäre Abschiebungen in einem späteren kompressiven Streßfeld mit aufschiebendem Charakter wiederverwendet werden, wird im Kap. 6 näher eingegangen.

4.2.4 Variationen im Verlauf und in der Termination einer Abschiebung

Das **Einfallen** einer Abschiebung ist über ihre gesamte Fläche gesehen sicher in den seltensten Fällen so konstant, wie in dem einfachen Modell der Abb. 20 dargestellt. Bei der Mehrzahl von Abschiebungen variiert der Einfallswinkel innerhalb gewisser Grenzen, bei manchen lassen sich zur Tiefe oder auch zur Seite hin sogar systematische Veränderungen feststellen. Solche Winkeländerungen können entweder bereits während der Bildung der Störung entstanden und damit ein primäres Phänomen sein oder auf eine nachträgliche, sekundäre Veränderung der Störung zurückgehen. Die häufigeren Ursachen sind im folgenden kurz aufgeführt.

Primäre Wechsel im Einfallen beruhen in den meisten Fällen auf unterschiedlichen Festigkeitseigenschaften der durchtrennten Schichten oder auf Unterschieden im Spannungszustand, der in diesen Schichten vor bzw. während der Rißausbreitung herrschte. In Laborexperimenten läßt sich leicht demonstrieren, daß der Winkel, den ein Scherbruch mit der σ_1-Achse einschließt, in Materialien mit einer höheren **Scherfestigkeit** um einige Grade geringer ist als in weniger festen Materialien, wie es das MOHR-COULOMBsche Gesetz beschreibt (z.B. WUNDERLICH 1957). Schon aus diesem Grund wird eine Abschiebung ein festeres Gestein, beispielsweise eine Sandsteinbank, unter einem steileren Winkel durchtrennen als eine darunterliegende Schicht mit einer geringeren Scherfestigkeit, etwa eine Tonsteinlage. An einer Schichtgrenze zwischen solch unterschiedlichen Gesteinen ändert sich das Einfallen daher häufig sprunghaft, so daß ein Knick im Störungsverlauf entsteht. Winkeldifferenzen, die sich allein aus dem genannten Zusammenhang ergeben, können in flachlagernden Schichtfolgen bis zu 15° erreichen (BRUN et al. 1985, MANDL 1988). Sind die Schichten bereits zu Beginn des Bruchprozesses geneigt, kann sich die Winkeldifferenz noch vergrößern. Bedingt durch die Scherspannungen, die dann entlang der Schichtflächen wirken, kann sich in diesem Fall an einer Schichtgrenze auch der Neigungswinkel der σ_1-Richtung selbst ändern, was in mechanisch schwächeren Gesteinen zu einer weiteren Verflachung der Störung führt (MANDL 1988). Noch verstärkt werden kann dieser Effekt durch Fließbewegungen mobilen Materials in einer unterlagernden Schicht (MANDL 1988). Auch in einer Schicht, in der ein abnormal hoher Porenwasserdruck besteht, wird sich das Einfallen einer Abschiebung deutlich verringern, wie mechanische Analysen zeigen (MANDL & CRANS 1981). In den großen Deltas werden solche überhöhten Porendrücke in Verbindung mit großräumigen Abscherhorizonten als Hauptursache für die Entstehung **listrischer** Abschiebungen angesehen. Die Bezeichnung listrisch (listric) wird dabei im engeren Sinn (so auch hier) für Abschiebungen verwendet, deren Störungsbahn sich in einer kontinuierlichen Biegung so weit verflacht, bis sie schließlich nahezu schichtparallel oder subhorizontal verläuft. Allerdings benutzen manche Autoren diesen Begriff bereits, wenn eine Störung ein größeres gebogenes Teilstück aufweist (SHELTON 1984).

Daß Veränderungen des Spannungsfeldes, die die Bruchentwicklung begleiten, zu gebogenen Abschiebungen führen können, ist besonders gut für den Fall der Reaktivierung von Basement-Störungen dokumentiert, die sich dabei in flachlagernde Deckschichten fortpflanzen. Wie rechnerisch und experimentell nachgewiesen wurde (WUNDERLICH 1957, SANFORD 1959, HORSFIELD 1977, MANDL 1988, DRESEN et al. 1991, SALTZER & POLLARD 1992) dreht sich die Richtung der maximalen Hauptspannung σ_1 je nach Beschaffenheit des Auflagers und nach dem Einfallswinkel der

Geometrie einer Abschiebung

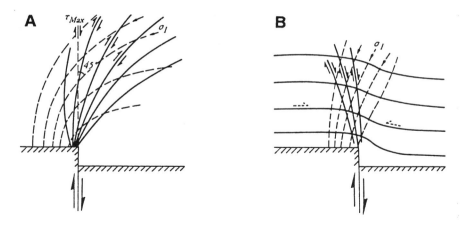

Abb. 39 Hauptspannungstrajektorien und mögliche Bruchorientierungen bei der Reaktivierung einer vertikalen Basement-Störung, die sich in auflagernde Deckschichten fortpflanzt (aus MANDL 1988). In (A) besteht das Auflager aus homogenem Material, in (B) aus einer Wechselfolge, in der schichtparallele Gleitungen möglich sind.

Basement-Störung anfänglich mehr oder minder stark zur Liegendscholle hin. Die ersten Störungen, die sich im Deckgebirge bilden, nehmen dementsprechend eine nach oben hin konvexe Gestalt an (Abb. 39).

Auch an der **Verbindungsstelle zweier Segmente** entsteht fast immer ein Knick im Störungsverlauf, entweder im Streichen oder im Einfallen der Störungszone. Störungsknicke in der Einfallsrichtung können durch primäre Unterschiede im Einfallswinkel der Teilstörungen oder einfach nur durch ihre seitlich versetzte Anordnung bedingt sein (Abb. 36). Letzteres führt zu einer **lokalen Verflachung**, wenn die tieferliegende Störung der höherliegenden im Überlappungsbereich **vorgelagert** ist. Wenn die Staffelung in umgekehrter Weise erfolgt, wird sich die Störungsbahn lokal **versteilen**. In dem Teilbereich, der von beiden Störungen begrenzt wird, ergeben sich im weiteren Deformationsablauf meist Besonderheiten, da hier Schichtverstellungen oder Schollenrotationen leicht möglich sind.

Bei **synsedimentären** Abschiebungen kann eine gebogene, nach oben hin konkave Gestalt auch durch ein besonderes Zusammenspiel zwischen Sedimentation und Deformation entstehen. Die Voraussetzung dazu ist, daß eine aktive Abschiebung langsam mit dem Gesteinsverband rotiert und dabei beständig durch neue Sedimente überdeckt wird (Abb. 40). Während sich die Störung dann unter einem annähernd konstanten Winkel in die jeweils obersten Schichten fortpflanzt, wird das Einfallen der bereits bestehenden Störungsteile durch die Drehung stetig geringer (Abb. 40B, C). Ältere, tieferliegende Störungsabschnitte werden folglich stärker rotiert als jüngere, höherliegende. Der Winkel, den Störung und Schichtung miteinander einschließen, bleibt bei diesem Vorgang jedoch entlang der gesamten Störung weitgehend konstant (CURRIE 1956, DAILLY 1976, BARR 1987, MANDL 1988, VENDEVILLE & COBBOLD 1988, VENDEVILLE 1991).

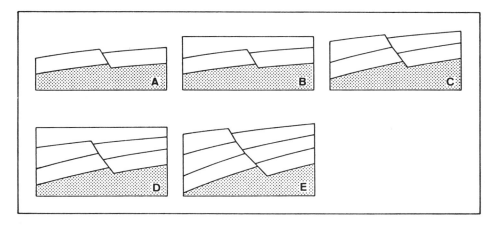

Abb. 40 Entwicklung einer nach oben konkaven Biegung bei einer synsedimentären Abschiebung durch die Wechselwirkung von Bruchfortpflanzung, Schollenrotation und Sedimentation (Prinzipskizze nach VENDEVILLE & COBBOLD 1988). Für die unterste Einheit (punktiert) wurde ein duktiles Verhalten angenommen (Salz, Ton).

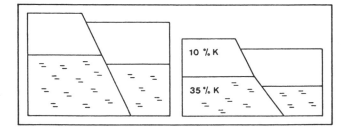

Abb. 41 Veränderungen des Einfallswinkels einer Abschiebung durch Kompaktionsvorgänge.

Auch im Anschluß an den Bildungsprozeß kann sich das Einfallen von Abschiebungen in Teilbereichen noch verändern, etwa indem die Störungsflächen durch spätere **Deformationsprozesse** zusammen mit dem umgebenden Gestein verbogen oder verfaltet werden (VENDEVILLE 1991). Auch **Kompaktionsvorgänge** können Krümmungen im Störungsverlauf verursachen, was vor allem synsedimentäre Störungen betrifft, die oberflächennahe, noch wenig verfestigte Ablagerungen durchtrennen (JONES & ADDIS 1984, DAVISON 1987, HANEBERG 1988, MANDL 1988, XIAO & SUPPE 1989). Wenn die Sedimente mit wachsender Versenkungstiefe zunehmend kompaktieren, verflachen sich zwangsläufig auch die darin enthaltenen Störungen, um einen Winkelbetrag, der von dem Material und seiner anfänglichen Porosität, dem Grad der Kompaktion und dem ursprünglichen Einfallswinkel der Störung abhängt. Kompaktionsunterschiede innerhalb einer Schichtfolge, beispielsweise zwischen Sandstein- und Tonsteinlagen, können dann leicht dazu führen, daß auch eine ehemals geradlinige Abschiebung einen unregelmäßigen, treppenartigen Verlauf annimmt (Abb. 41). Das Störungseinfallen ist in den stärker kompaktierten Einheiten geringer als in den weniger stark kompaktierten. Allerdings reicht eine solche diffe-

Geometrie einer Abschiebung

rentielle Kompaktion nicht aus, um den äußerst flachen Verlauf bei listrischen Störungen zu erklären (HANEBERG 1988, MANDL 1988).

Änderungen im Störungsverlauf zeigen sich häufig nicht nur im Profilschnitt, sondern auch **im Kartenbild**. Auf Luftbildern, auf denen die Spuren von Abschiebungen über größere Distanzen verfolgt werden können, lassen sich diesbezüglich die unterschiedlichsten Phänomene erkennen. Sie reichen von geradlinigen Störungen, die am Ende mit einer Biegung zu einer parallelen Störung hin einschwenken (Abb. 93) über kurvilineare Störungen, deren Streichrichtung ständig um einen Mittelwert pendelt (Abb. 42, vgl. auch Abb. 2-5 in KRONBERG 1991), bis zu Störungen, die gänzlich bogenförmig verlaufen (Abb. 43A). Unregelmäßige Störungsverläufe sind in vielen Fällen einfach eine Folge der **Inhomogenität** des Spannungsfeldes schon zu Beginn bzw. während des Bruchprozesses. Sie sind besonders bei einem Extensionsvorgang zu erwarten, bei dem sich σ_2 und σ_3 innerhalb eines größeren Gebietes betragsmäßig nur wenig unterscheiden (Abschn. 5.9). Die σ_3-Richtung und dementsprechend auch die Ausbreitungsrichtung einer Störung wird unter diesen Bedingungen verstärkt von lokalen Faktoren bestimmt und kann daher bereichsweise merklich variieren. Als eine weitere mögliche Erklärung für konkave Krümmungen von Abschiebungen in Richtung auf die Hangendscholle werden auch Spannungsänderungen an der Rißfront in Betracht gezogen, die unmittelbar im Zusammenhang mit dem Bruchvorgang und der Abwärtsbewegung der Hangendscholle auftreten (MANDL 1988). Auffallende Richtungswechsel einer Abschiebung können ferner darauf beruhen, daß diese aus der **Verbindung** unterschiedlich orientierter, möglicherweise auch unterschiedlich alter **Teilstörungen** hervorgegangen ist. Auch parallele, en echelon gestaffelte Segmente, die sich seitlich teilweise überlappen, können miteinander verbunden werden, entweder durch Querstörungen in den Rampen oder dadurch, daß eine Störung am Ende zur benachbarten Störung hin einbiegt (Abb. 93). Beides führt zu einem stufenartig verspringenden Störungsverlauf.

Abb. 42 Unregelmäßig verlaufende Abschiebungen in einem Luftbildausschnitt aus der zentralen Afar (Äthiopien) (aus KALBITZ 1988).

Variationen im Verlauf und in der Termination einer Abschiebung 49

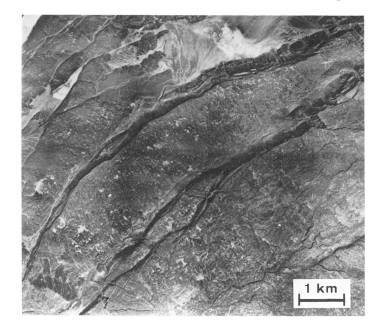

Abb. 43 Zwei in Richtung auf die Hangendscholle konvex gebogene Abschiebungen. (A) Luftbildausschnitt aus der zentralen Afar (Äthiopien), (B) Oberkreide, Schwaney.

In den vorangegangenen Abschnitten wurden bereits verschiedene Arten der **Termination** (Endung) einer Abschiebung beschrieben. Dazu gehören das kontinuierliche Auslaufen, bei dem sich der Verschiebungsbetrag gleichmäßig bis zum Störungsende verringert, der Ausgleich des Versatzes durch Fließvorgänge in einer mobilen Schicht sowie die unvermittelte Endung an einer anderen Trennfläche. Eine weitere Möglichkeit veranschaulicht Abb. 44. Eine einzelne, nur wenige cm breite Abschiebung verzweigt sich zum Hangenden hin in einen breiter werdenden **Fächer** kleinerer **Zweigabschiebungen** (splay faults, horsetail), die dann allmählich nach oben auslaufen. Die Gesamtverschiebung, die sich unten noch in einer eng begrenzten Zone abspielt, wird so über einen größeren Bereich verteilt und damit schneller abgebaut.

Nicht selten geht eine Abschiebung im Hangenden auch in eine mehr oder weniger weitgespannte **Flexur** (monocline, extensional forced fold) über (Abb. 45). Solche Verbiegungen entstehen **oberhalb der hangenden Rißfront** in einer lithologischen Einheit, in der die weitere Rißausbreitung stark behindert oder sogar gestoppt wird, obwohl die Absenkung der Hangendscholle noch eine begrenzte Zeit andauert (Abschn. 5.5). Daher treten Flexuren vorzugsweise in Schichten auf, in denen die Verformung überwiegend duktilen Charakter hat. Als **Reaktion** auf die Flexurbildung können in spröderen Hangendschichten weitere Abschiebungen entstehen, die keineswegs genau in der Projektion der Störung unterhalb der Flexur verlaufen müssen (Abb. 45). Abb. 46 zeigt ein Aufschlußfoto aus einem Bereich, in dem solch eine Abschiebung, deren Verschiebungsmaximum am unteren Störungsende liegt, **vom Hangenden her** in eine Flexur übergeht.

Abb. 44 Fächerartige Verzweigung am Ende einer Abschiebung im Pleistozän. Heller Grauton: Sande, dunkler Grauton: Schluffe bis Tone.

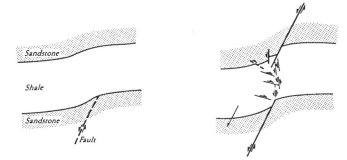

Abb. 45 Entwicklung einer Flexur im Hangenden einer Abschiebung (aus MANDL 1988).

Abb. 46 Eine Abschiebung im unteren Muschelkalk, die nach unten in eine Flexur endet; Vogelbeck.

4.3 Das Material in der Störungsbahn

Bei den meisten Abschiebungen findet sich zwischen Hangend- und Liegendscholle mehr oder minder stark zertrümmertes oder zerriebenes Gesteinsmaterial wechselnder Korngröße, an dessen Entstehung verschiedene Prozesse beteiligt sind. Die Entwicklung beginnt häufig damit, daß an der Rißfront kleinere, zunächst meist scharfkantige Bruchstücke aus dem Gesteinsverband herausgebrochen werden. Diese werden während des weiteren Schervorganges durch den gegenseitigen Abrieb und durch Reibungsvorgänge auf den Störungsflächen je nach Festigkeit in immer kleinere und zunehmend gerundete Fragmente zerlegt. Gleichzeitig kommt es an den begrenzenden Gleitflächen zu einer **mechanischen Erosion**, wobei Unebenheiten abgeschliffen und gleichzeitig **Striemungen** (Schleifspuren) hervorgerufen werden, die Aufschluß über den Bewegungssinn der Störung geben können. Durch sekundäre Störungen, die sich in den anfänglich noch intakten Randbereichen einer Scherzone entwickeln, können auch größere Gesteinsschollen zunehmend in den Schervorgang einbezogen werden, so daß sich die Scherzone mit wachsendem Verschiebungsbetrag beständig verbreitert. Speziell blockierende Krümmungen der Störungsfläche werden auf diese Weise zunehmend begradigt (Abschn. 5.2). In Teilbereichen einer Störung, in denen schlagartig eine lokale Öffnung erfolgt, ist ferner mit der Bildung von **Implosionsbrekzien** zu rechnen. Als treibende Kraft wird hierbei der Porendruckgradient angesehen, der sich unter diesen speziellen Bedingungen in dem betroffenen Randbereich der Störung einstellt (SIBSON 1986). Mit dem gleichen Mechanismus werden auch taschenartige, mit stark zerbrochenem Material angefüllte Vertiefungen erklärt, die manchmal im ansonsten undeformierten Wandgestein auftreten.

Da das kataklastische Scherzonenmaterial im unverfestigten Zustand in vielen Fällen eine höhere Permeabilität aufweist als das undeformierte Gestein, können Abschiebungen zu einem wichtigen Migrationsweg für Fluide (Öl, Wasser, Gas, hydrothermale Lösungen) werden. Das gilt besonders, wenn größere Gesteinsfragmente in der Störungsbahn eine Zeitlang verhindern, daß die Störung wieder geschlossen wird (Abb. 47D). Andererseits können Sortierungsvorgänge innerhalb der Scherzone unter Umständen dazu führen, daß sich besonders feinkörniges Material entlang der liegenden Störungsfläche sammelt, so daß die Störung dadurch eventuell seitlich abgedichtet wird (Abb. 47C). Wenn Tongesteine durchschert werden, kann eine solche Abdichtung (seal) auch durch einen anderen Mechanismus bedingt sein. Toniges Material wird dann häufig nicht nur passiv in die Störungsbahn hineingeschleppt, sondern, wie experimentelle Untersuchungen belegen (mündl. Mitteilung G. Mandl), sogar infolge des höheren Seitendruckes regelrecht in die Störung hineingepreßt, wo es dann zu kontinuierlichen Bändern ausgedünnt wird (clay smearing; Abb. 48). Zu einer Verringerung der Störungspermeabilität kommt es schließlich auch, wenn aus zirkulierenden wäßrigen Lösungen **Mineralisationen** im Porenraum einer Störungsbrekzie ausgefällt werden. Entlang von Unregelmäßigkeiten auf den Störungsflächen bilden sich dabei oftmals auch stufenartige Faserkristalle, die dann als Bewegungsindikatoren dienen können (RAMSEY & HUBER 1983).

Abb. 47 (folgende Seite) Gefügemerkmale einiger kleinerer Scherzonen. (A) Kleinere Bruchstücke von Oberkreidekalken in einer tonigen Grundmasse; Hannover. (B) Abschiebung im Grenzbereich oberer Muschelkalk/unterer Keuper; Niederntalle. Man beachte die wechselnde Störungsbreite sowie die großen Gesteinsblöcke im oberen Teil der Abschiebung. (C) Kleine Abschiebungen in tertiären Sanden. Die graue Farbe des Sedimentes resultiert aus der gleichmäßigen Mischung feinster Braunkohlepartikel mit weißen Quarzsanden. Die Verschiebungsbewegungen haben innerhalb der Scherzonen zu einer fast vollständigen Entmischung der verschiedenen Partikel geführt. Dabei sammelten sich die kleineren Kohleteilchen jeweils an der Liegendgrenze der Scherzonen. Die darüberliegenden weißen Bänder bestehen aus nahezu Kohle-freiem Quarzsand. (D) Einregelung von zerscherten Gesteinsbruchstücken (oberer Muschelkalk) in die Bewegungsrichtung; Vaihingen. Man beachte auch das leichte Verspringen der Störungsbahn in der Bildmitte.

Das Material in der Störungsbahn 53

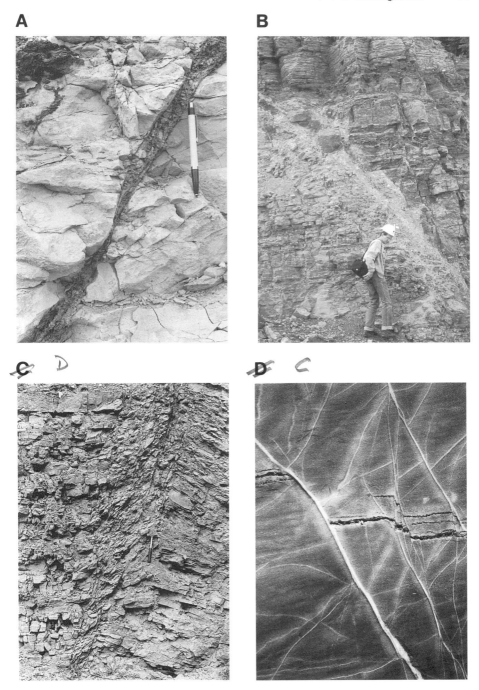

Abb. 47

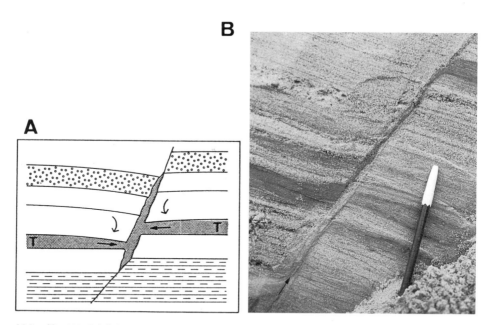

Abb. 48 (A) Seitliche Injektion von Tonen in eine Störungsbahn (Prinzipskizze). (B) Eine kleine quartäre Abschiebung mit einem durchgehenden Band aus tonigem Material (dunkel), das dieselbe Tonschicht in Liegend- und Hangendscholle verbindet.

5 Architektur von Störungsnetzen

Abschiebungen treten selten allein, sondern fast immer im größeren Verbund auf. Die Geometrie solcher Abschiebungsnetze kann beträchtlich variieren, auf lokaler wie auf regionaler Ebene. In nahezu jedem Bereich, der von Abschiebungen durchzogen wird, lassen sich Besonderheiten feststellen, die aus den speziellen geologischen Gegebenheiten vor Ort resultieren. Ebenso lassen sich aber auch fast immer gewisse Grundmuster oder Bauelemente wiedererkennen, die in den folgenden Abschnitten näher betrachtet werden sollen. Zuvor werden einige häufiger verwendete Grundbegriffe kurz erläutert.

5.1 Einige Grundbegriffe

Eine langgezogene, abgesunkene Teilscholle, die seitlich von Abschiebungen mit entgegengesetztem Einfallen begrenzt wird, bezeichnet man als Tiefscholle oder **Graben** (graben), einen relativ hochstehenden Block zwischen tieferliegenden Schollen als Hochscholle oder **Horst** (horst) (Abb. 49, 75A). Dabei spielt es keine Rolle, ob die randlichen Brüche konjugierte Abschiebungen darstellen oder sogar verschiedenen Störungsgenerationen angehören. Ein **Halbgraben** (halfgraben) entsteht, wenn die Absenkung nur an einer einzelnen Abschiebung vonstatten geht (Abb. 25). Mehrere parallele Abschiebungen, an denen eine Schichtfolge auf ein immer tieferes Niveau abgesenkt wird, bilden einen **Staffelbruch** oder eine **Schollentreppe** (step faults). Als Reaktion auf eine Schollenverschiebung entlang einer übergeordneten Störung (**Primärstörung**, primary fault) werden manchmal **Sekundärstörungen** (secondary faults) gebildet (Abschn. 5.2). Mit sekundär wird hier ein zeitlicher Zusammenhang, nicht eine Größenbeziehung zwischen verschiedenen Störungen beschrieben. Allerdings sind die Ausmaße sekundärer Störungen meist deutlich geringer als die der primären Störungen, an die sie geknüpft sind. Unter **Hauptabschiebungen** (main faults, master faults) werden die größten und wichtigsten Abschiebungen innerhalb eines Bereiches verstanden, die dessen strukturellen Bauplan entscheidend prägen. Meist bewirken sie die Aufteilung eines Gebietes in große Blöcke (fault blocks), in denen intern durchaus eine Vielzahl kleinerer, weniger bedeutender Störungen (subsidiary faults) vorhanden sein kann. Die Begriffe **synthetische** und **antithetische** Störung (synthetic, antithetic fault) werden in der Literatur nicht einheitlich verwendet. Sie dienten im deutschsprachigen Raum bislang vorwiegend dazu, die Beziehung zwischen dem Schichteinfallen und dem Störungseinfallen zu charakterisieren (SCHMIDT-THOME 1972, KRAUSSE et al. 1978). Synthetisch bedeutet danach, daß die Einfallsrichtungen der Störungen und der davon versetzten Schichten übereinstimmen, antithetisch, daß beide entgegengesetztes Einfallen zeigen. International jedoch wird mit diesen Attributen durchweg auf Richtungsbeziehungen zwischen Störungen unterschiedlicher Größenordnung oder Bedeutung hingewiesen. So würden beispielsweise die Störungen F, G und H in Abb. 50 nach der international gängigen

56 Architektur von Störungsnetzen

Abb. 49 Ein Horst in Kalksteinen des oberen Muschelkalkes; Ithlingen. Im Verlauf der linken Störung ist ein deutlicher Knick zu erkennen.

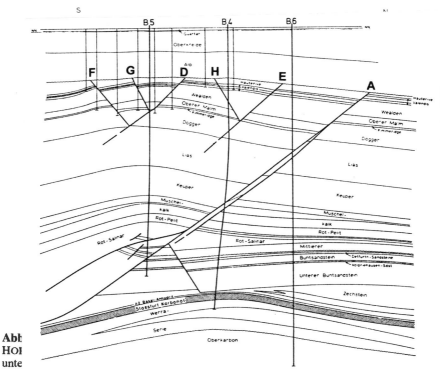

Abbildung 50

Regelung als antithetisch bezeichnet werden, entweder in bezug auf die Störungen D und E, an denen sie jeweils terminieren, oder - im weiteren Sinn - in bezug auf die große Störung A, die für den Gesamtbereich prägend ist. Nach der anderen ('deutschen') Bezeichnungsweise wären diese Störungen unterschiedlich zu benennen (E, F und H antithetisch, G synthetisch), obwohl sie eine übereinstimmende geometrische und mechanische Funktion aufweisen. In dieser Publikation werden die beiden Begriffe gemäß dem international üblichen Standard verwendet.

5.2 Verschiebungen entlang unregelmäßig verlaufender Störungsflächen

Schon in Abschn. 4.2.4 wurde darauf hingewiesen, daß das Einfallen einer Abschiebung über die gesamte Fläche gesehen in den seltensten Fällen konstant ist. Meist existiert eine Anzahl von Knicken im Störungsverlauf, an denen es zu Verflachungen oder Versteilungen der Störungsbahn kommt. Wird eine Gesteinsscholle entlang einer solchen unregelmäßig verlaufenden Fläche verschoben, ergeben sich stets kleinere **Raumprobleme**, was meist in der Bildung sekundärer Strukturen resultiert. Wenn die Hangendscholle auf einem **flacheren** Teilstück gleitet, setzt entlang anschließender steilerer Störungsabschnitte gleichzeitig eine Öffnungsbewegung ein (Abb. 51B). Solange diese minimal bleibt, können die Hohlräume schon in kurzer Zeit wieder durch Mineralisationen geschlossen werden. Des öfteren findet sich dieses Phänomen bei Klüften, die in kleine Scherzonen integriert wurden (Abb. 37A; HANCOCK 1985, RAMSEY & HUBER 1987). Es ist auch leicht möglich, daß Teile einer Schichtfolge vom Rand der Hangendscholle in den sich erweiternden Hohlraum absacken. Solche Erscheinungen, wie sie Abb. 52 zeigt, dürfen nicht mit Schleppungen verwechselt werden, da sonst der Bewegungssinn der Störung unter Umständen falsch interpretiert werden würde. Bei einer weitergehenden Öffnung hat die damit verbundene lokale Verminderung des Seitendruckes oft zur Folge, daß im Umfeld des Knickpunktes **antithetische Abschiebungen** angelegt werden. Der Verlauf dieses Prozesses ist in Abb. 51C-E skizziert. Die Bruchzentren der antithetischen Störungen liegen charakteristischerweise im Randbereich der Hangendscholle, von wo aus sie sich nach oben hin ausbreiten. Mit der Entwicklung einer ersten antithetischen Störung (Abb. 51C) bildet sich eine kleine, absinkende Grabenscholle, die den in Abb. 51B eingezeichneten Hohlraum weitgehend schließt. Allerdings ist diese Abschiebung nur solange aktiv, bis sie im Rahmen der Gleitung der gesamten Hangendscholle an den Knickpunkt in der Hauptstörungsbahn gelangt ist (Abb. 51D). In diesem Moment erreichen der Verschiebungsbetrag an der Störungsbasis und die räumliche Ausdehnung der Störung ihre Maxima. Von da an wird sie auf dem flacheren Segment der Hauptstörung nur noch passiv weitertransportiert. Wenn dieses Teilstück hinreichend lang und die Winkeldifferenz zum angrenzenden steileren Teilstück groß genug ist, kann sich der gesamte Prozeß noch mehrfach wiederholen, so daß nacheinander weitere antithetische Störungen entstehen (Abb. 51E). Im besonderen kann dieser Fall bei synsedimentären listrischen Abschiebungen gegeben sein, bei denen das flachere Störungssegment annähernd schichtparallel verläuft (Abschn. 5.6). Abb. 53 zeigt als Aufschlußbeispiel kleine antithetische Abschiebungen an einer Abschiebung in Oberkreidekalken.

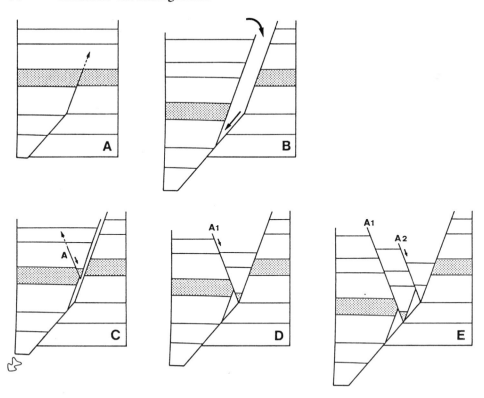

Abb. 51 Entwicklung antithetischer Sekundärstörungen an einem Störungsknick. (A) zeigt die Bildung der Störung, (B) die theoretische Öffnung entlang des steileren Störungsabschnittes beim Gleitvorgang. In (C-E) sind verschiedene Entwicklungsstadien antithetischer Störungen demonstriert.

Abb. 52 Ein von der Hangendscholle abgesackter Block (Pfeilmarkierung) innerhalb einer Abschiebung im oberen Muschelkalk; Vaihingen. Die Öffnung der Störung war eine Folge des Verspringens der Störungsbahn nahe des oberen Bildrandes.

Abb. 53 Eine Abschiebung mit antithetischen Sekundärbrüchen (Pfeile). Oberkreide, Schwaney. Das Dreieck markiert den Knickpunkt der Haupstörung.

Ein Störungsknick, an dem sich eine Abschiebung **versteilt**, kann anfangs ein erhebliches Hindernis für den Gleitvorgang darstellen (Abb. 54A). Wenn das flacher verlaufende Teilstück nur eine lokale Erscheinung innerhalb eines steiler einfallenden Bereiches darstellt, wird es an dem Knickpunkt schon bei geringem Versatz zu lokalen **Kompressionserscheinungen** kommen. Eine mögliche Auswirkung dieses Vorganges zeigt ein interessantes Geländebeispiel, das in (Abb. 55) dokumentiert ist. Schichten im Randbereich der Hangendscholle wurden oberhalb einer **blockierenden Krümmung** (restraining bend) nach oben hin abgeknickt bzw. verbogen, wobei eine keilförmige, sich nach oben erweiternde Teilscholle entstanden ist. Deutlich erkennbar ist auch das Ausklingen der Schichtverbiegung zum Hangenden hin. Es ist leicht vorstellbar, daß entlang der punktierten Linie in Abb. 55B als Folge der lokalen Stauchung auch direkt eine steile Aufschiebung entstehen kann (vgl. auch Abb. 65). Wenn das gestörte Gesteinspaket aus geringmächtigen Schichten besteht, die leicht aufeinander gleiten können, kann unter bestimmten Umständen auch mit der Entstehung von Knickbändern (kink bands) anstelle von Scherbrüchen gerechnet werden (Abb. 54D, 59). Auch in dem Profil, das Abb. 56 zeigt, wird eine keilförmige Scholle auf einer Seite von einer größeren, sich lokal versteilenden Abschiebung, auf der anderen Seite von einer Aufschiebung begrenzt. Abb. 57 illustriert die Entwicklung, die in diesem Fall zu dieser Geometrie geführt haben dürfte. Hier wurde davon ausgegangen, daß die steile Aufschiebung nicht erst am Störungsknick gebildet wurde, sondern ursprünglich eine antithetische (oder eine konjugierte) Abschiebung darstellt, die auf dem flacheren Abschnitt der Primärstörung passiv bis zum Störungsknick transportiert wurde. An dem Knickpunkt wurde sie dann mit entgegengesetztem Bewegungssinn reaktiviert, in diesem Fall nicht durch eine aktive Hochbewegung der Keilscholle, sondern durch eine stärkere Absenkung ihrer Lie-

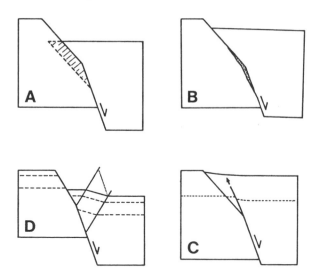

Abb. 54 Phänomene an blockierenden Krümmungen. (A) Das Raumproblem. (B) Begradigung der Störungsfläche infolge einer Durchscherung des vorspringenden Teilstückes. (C) Begradigung mit Hilfe synthetischer Abschiebungen. (D) Entstehung eines Knickbandes (umgezeichnet nach GROSHONG 1989).

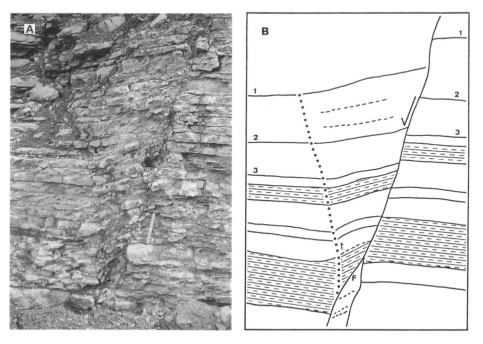

Abb. 55 Ein Stauchungsphänomen an einer blockierenden Krümmung einer Abschiebung in Oberkreidekalken, Lengerich. (A) Aufschlußfoto, (B) Kartierung.

Abb. 56 Eine Keilscholle, die von einer Abschiebung und einer steilen Aufschiebung (A) begrenzt wird. Übersicht (oben) und Ausschnitt (rechts) (Fotos eines Lackfilmes). Der Pfeil im Ausschnitt markiert eine kleine synthetische Störung, die am Übergang zu einem flacheren Teilstück der Hauptstörung ansetzt.

Abb. 57 (unten) Die Änderung des scheinbaren Bewegungssinnes einer konjugierten oder antithetischen Abschiebung an einer blockierenden Krümmung. (A) zeigt die Ausgangssituation am Störungsknick. In (B) wurde zunächst nur Block 1 verschoben, in (C) dann Block 2.

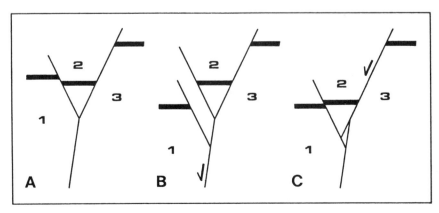

Abb. 58 Steile Aufschiebungen an einer Rampe bei Modellexperimenten (umgezeichnet nach MCCLAY & ELLIS 1987).

Abb. 59 Steiles Knickband innerhalb eines von Abschiebungen geprägten Bereiches. Im unteren linken Bildbereich zeigen sich Übergänge vom Knickband zur Aufschiebung. Oberer Muschelkalk, Vaihingen.

gendscholle. Natürlich bleibt der relative Verschiebungssinn einer antithetischen oder konjugierten Störung auch nach dem Passieren eines solchen Knickpunktes abschiebend, falls ihr ursprünglicher Abschiebungsbetrag größer war als die Aufschiebungskomponente, die am Knickpunkt hinzukommt. Auch in Modellexperimenten, in denen eine Gleitung über eine **Rampe** simuliert wird, treten unter bestimmten Bedingungen steile Aufschiebungen auf, die auf ähnliche Weise durch Schollenabsenkungen verursacht werden (MCCLAY & ELLIS 1987, ROURE et al. 1992; Abb. 58).

Mit fortgesetzter Bewegung werden blockierende Krümmungen entlang einer Störung meist schrittweise beseitigt, so daß sie schließlich ihre Wirkung verlieren. Zwei Mechanismen tragen dazu maßgeblich bei. Durch **mechanische Erosion**, unterstützt durch Bruchprozesse in den vorstehenden Abschnitten, kann die Störungsfläche selbst zunehmend begradigt werden (Abb. 54B). Es können sich aber auch neue, **synthetische** Störungen mit einem größeren Einfallswinkel oberhalb des flacheren Störungsabschnittes bilden (Abb. 54C, 56), was den Gleitvorgang ebenfalls erleichtert. Phänomene, die an einem ehemaligen Knickpunkt entstanden sind und anschließend weit über diesen hinaus transportiert wurden, lassen sich dann oft nicht mehr zuordnen, da ihre Entstehungsursache entweder verschwunden oder nicht mehr erkennbar ist. Es sei aber angemerkt, daß Hindernisse im Störungsverlauf während einer längeren Deformation nicht nur beseitigt werden, sondern durch das stetige Zusammenwachsen benachbarter Störungen auch ständig neu entstehen (Abb. 76).

5.3 Schollenrotationen

Unter **Schollenrotationen** (fault block rotations) werden hier Bewegungsvorgänge an Störungen verstanden, bei denen Gesteinsschollen durch eine **Drehung** um eine definierte Achse in eine neue Lage gebracht werden. Die geologischen Ursachen von Schollenrotationen im Extensionsregime sind unterschiedlicher Natur. Manchmal hängen sie mit Bewegungen entlang gekrümmter Störungsflächen zusammen, oft sind sie einfach nur die Folge des erweiterten Raumangebotes im Verlauf eines Deformationsprozesses. Voraussetzung für Drehbewegungen einer Gesteinsscholle ist allerdings, daß sie relativ frei beweglich ist. Dieser Fall ist im besonderen gegeben, wenn sie seitlich von anderen Trennflächen begrenzt wird und im Liegenden in einem duktilen Horizont endet.

Nimmt man die räumliche **Orientierung der Drehachse** als Einteilungskriterium, so lassen sich zwei Grundformen von Schollenrotationen unterscheiden (Abb. 60). Bei der ersten ordnet sich die Drehachse senkrecht, bei der zweiten parallel zur Störung an. Der letzte Typ kann noch weiter unterteilt werden in Schollenrotationen, bei denen die Liegendscholle passiv bleibt und ihre Position beibehält und solche, bei denen auch die Liegendscholle in Verbindung mit den benachbarten Schollen eine

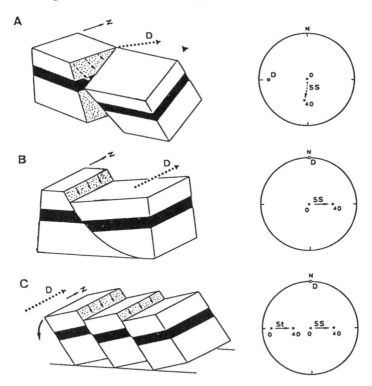

Abb. 60 Die Grundformen von Schollenrotationen und ihr Erscheinungsbild im Schmidtschen Netz. In der stereographischen Projektion sind Drehachsen (D), Schichtflächen (SS) und Störungsflächen (St) als Polpunkte eingetragen.

Abb. 61 Aufschlußbeispiel einer Schollenrotation vom Typ A. Die Drehachse der rotierten Scholle (im Vordergrund unten links) verläuft annähernd senkrecht zur Bildebene. Oberer Muschelkalk, Brevörde.

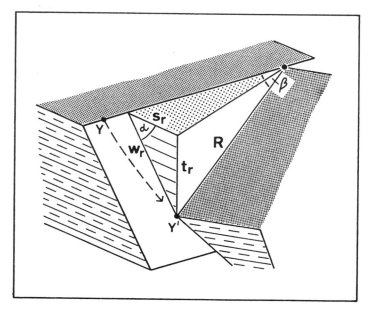

$w_r = R \cdot \sin\beta$

$t_r = w_r \cdot \sin\alpha = R \cdot \sin\beta \cdot \sin\alpha$ $s_r = w_r \cdot \cos\alpha = R \cdot \sin\beta \cdot \cos\alpha$

Abb. 62 Verschiebungsbeträge bei einer Schollenrotation vom Typ A.

Drehbewegung vollzieht. Abb. 61 zeigt ein Aufschlußfoto einer Schollenrotation vom ersten Typ. Es veranschaulicht, wie sich das Einfallen der Schichten in diesem Fall an der Störung ändert. Sofern die betroffene Störung nicht vertikal orientiert ist, verändert sich gleichzeitig auch das Schichtstreichen, bei gleichem Rotationsbetrag um so mehr, je geringer der Einfallswinkel der Störung ist. In einem einzelnen Profilschnitt senkrecht zur Störung lassen sich die wahren Lagerungsverhältnisse in der Liegend- und/oder Hangendscholle wegen des Schnitteffektes allerdings nicht erkennen (Abschn. 5.10). Erst die Auswertung einer Profilserie kann hier Aufschluß über die genaue Situation geben. Die Bewegung eines Punktes P auf der Störungsfläche während des Rotationsvorganges läßt sich in eine horizontale Komponente (s_r) und in eine Komponente in Richtung des Einfallens der Störung zerlegen (w_r), die beide mit wachsender Entfernung des Punktes von der Drehachse (R) zunehmen (Abb. 62). Verglichen mit normalen Abschiebungen weisen Abschiebungen, an denen eine Schollenrotation der beschriebenen Art erfolgt ist, daher parallel zum Streichen einen außergewöhnlich hohen Gradienten des Verschiebungsbetrages auf. Die räumliche Position der Drehachse in bezug auf den rotierenden Block ist insofern von Bedeutung, als sie darüber entscheidet, ob und in welchen Teilen der betroffenen Störungsfläche sich der Bewegungssinn eventuell umkehrt, d.h. von schrägabschiebend zu schrägaufschiebend wechselt.

Schollenrotationen vom zweiten Typ (B in Abb. 60), bei denen die Schichtpakete von der Störung weg rotieren, bringen auch bei einem geradlinigen Störungsverlauf ein **neues Raumproblem** mit sich, wie Abb. 63 demonstriert. Dargestellt ist ein Kippvorgang, bei dem sich die Liegendscholle einer Abschiebung im Uhrzeigersinn um eine störungsparallele Achse dreht. Schon nach einer Drehbewegung von wenigen Grad wäre theoretisch mit einem Hohlraum zu rechnen, der aber durch die Bildung antithetischer Abschiebungen und die begleitenden Blockverschiebungen leicht ausgeglichen werden kann (Abb. 63B). Vom Prinzip ähnelt dieser Ablauf der Entstehung antithetischer Störungen an Störungsknicken (Abschn. 5.2), mit einem Unterschied. Während die sekundären Störungen bei der Translation erst nacheinander aktiviert werden, sind diese bei der Schollenkippung während des gesamten Prozesses überwiegend gemeinsam aktiv. Allerdings ist der maximale Verschiebungsbetrag (V_a) bei den Abschiebungen, die weiter von der Drehachse entfernt liegen, etwas größer als bei denen, die sich näher daran befinden. Abb. 63D verdeutlicht, daß es auch entlang der rotierenden Primär-Abschiebung zu einer geringen Verschiebung (V_p) kommt, auch wenn sie sich, insgesamt gesehen, passiv verhält. Berechnen lassen sich die jeweiligen Beträge mit Hilfe der beiden folgenden Formeln (Ableitung für die 2. Gleichung in MANDL 1988):

$$V_a = R \cdot \sin\alpha / \sin(\alpha+\beta) \qquad V_p = R \cdot (1-\sin\beta / \sin(\alpha+\beta))$$

Falls nicht die Liegendscholle sondern die Hangendscholle in der beschriebenen Weise kippt, verläuft der Prozess in analoger Weise mit dem einen Unterschied, daß dann die antithetischen Störungen ebenfalls rotiert werden, in diesem Fall gegen den Uhrzeigersinn, so daß ihr Einfallswinkel ständig geringer wird. Vor allem in Abb. 63C ist zu erkennen, daß trotz der antithetischen Abschiebungen innerhalb der Störungszone ein kleines Raumproblem in Form eines **keilförmigen** Hohlraumes verbleibt. In der Natur werden solche Spalten erfahrungsgemäß kontinuierlich mit Gesteinsbruchstücken und zerriebenem Material gefüllt. Ein Störungsbeispiel aus dem Pleistozän, das dieses Phänomen veranschaulicht, zeigt Abb. 64.

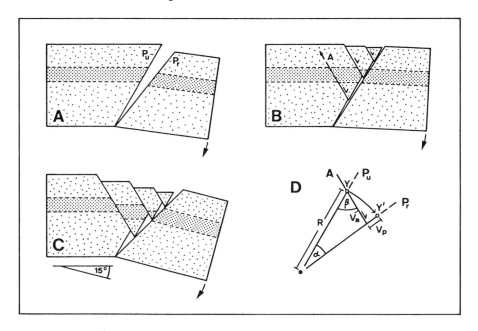

Abb. 63 Die Entwicklung antithetischer Abschiebungen als Folge einer Schollenrotation. (D) zeigt die notwendigen Kennwerte für die Ermittlung der rotationsbedingten Verschiebungsbeträge.

Abb. 64 Geländebeispiel einer Abschiebung mit antithetischen Sekundär-Störungen, die durch eine Schollenrotation verursacht wurden. Im Schichteinfallen besteht zwischen Liegend- und Hangendscholle eine Differenz von 5°. Zu beachten ist auch die unvermittelte Änderung in der Breite der Scherzone beim Zusammentreffen mit den antithetischen Abschiebungen. Der dunklere Grauton in einigen Bereichen der Liegendscholle geht auf einen erhöhten Wassergehalt zurück. Es scheint, daß die Störung in diesem Fall seitlich abdichtenden Charakter hat.

Schollenrotationen 67

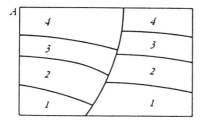
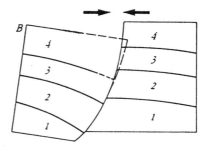
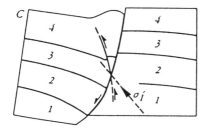

Abb. 65 Raumproblem bei einer Schollenrotation an einer nach oben konkaven Abschiebung wechselnder Krümmung (aus MANDL 1988).

Anlaß für eine Rotation der Hangendscholle um eine störungsparallele Achse können auch **gebogene Teilstücke** einer Abschiebung sein. Bei einer reinen Drehung (d.h. ohne eine gleichzeitige Seitwärtsbewegung der Scholle) ergeben sich nur dann keine Raumprobleme, wenn der Verlauf der Störung einem genauen **Kreisbogen** entspricht (zirkulare Störung, circular fault, Abb. 68). Wenn eine derartige Drehung hingegen an einer nach oben konkaven Abschiebung stattfindet, bei der der Grad der Krümmung zum Hangenden hin abnimmt, müßten sich Hangend- und Liegendscholle theoretisch in einem kleinen Abschnitt überlappen (Abb. 65B). In der Praxis resultiert aus einem solchen Vorgang eine lokale Kompression, die zu einer Aufschiebung oder zu einer gewissen Stauchung der Schichten (ähnlich wie in Abb. 55) führen kann (Abb. 65C). Wenn eine Drehbewegung im Gegensatz dazu in Verbindung mit einer Schollengleitung einsetzt, wie es insbesondere bei listrischen Abschiebungen der Fall ist (Abschn. 5.6), tritt der umgekehrte Fall ein. Da dann zusätzlicher Raum zur Verfügung steht, ist unter solchen Verhältnissen fast immer mit der Bildung sekundärer Abschiebungen zu rechnen.

Die gemeinsame Rotation einer Gruppe von Gesteinsschollen, die von parallelen Störungen begrenzt werden (Typ C in Abb. 60), ähnelt sehr dem **Kippvorgang**, den man bei einer Reihe hintereinander aufgestellter Dominosteine oder Bücher in einem Regal beobachtet. Dieser Prozeß wird in der englischsprachigen Literatur meist als 'bookshelf mechanism' und die Geometrie als 'domino style' bezeichnet. Strukturen dieser Art sind oft beschrieben worden und spielen offensichtlich auch bei Extensionsvorgängen im Krustenmaßstab eine bedeutende Rolle (Abb. 67; MORTON & BLACK 1975, PROFETT 1977, STEWART 1980, WERNICKE & BURCHFIEL 1982, ANGELIER & COLLETTA 1983, BRUN & CHOUKROUNE 1983, JACKSON & MCKENZIE 1983, BARR 1987, MANDL 1987b, MILANI & DAVISON 1988, JACKSON et al. 1988, AXEN 1988, DAVISON 1989, JACKSON & WHITE 1989, ROBERTS & YIELDING 1991, WESTAWAY 1991, MORLEY et al. 1992). Abb. 66 demonstriert einige Merk-

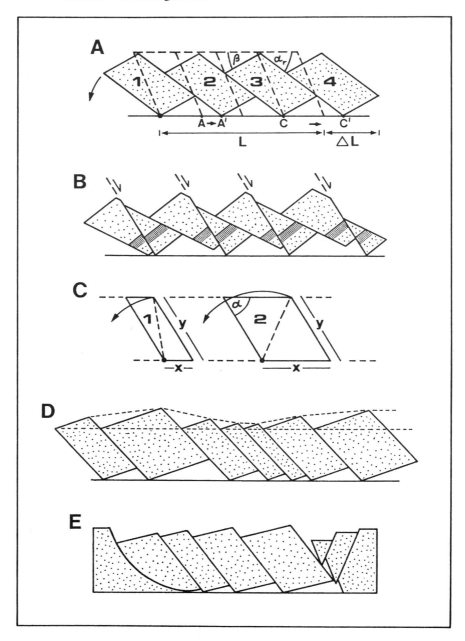

Abb. 66 Das Domino-Modell (teilweise nach DAVISON 1989). (A) Die seitliche Ausweitung infolge der Schollenrotation. Der Fixpunkt liegt in der linken unteren Ecke des Blockes 1. (B) Aktivierung einer zweiten Störungsgeneration. (C) Der Weg zweier Eckpunkte bei der Rotation. (D) Die Bedeutung der Blockgröße für das Höhenniveau der Kammlinie rotierter Schollen. (E) Mögliche seitliche Begrenzungen des Kippschollen-Bereiches.

Abb. 67 Domino-Baustil im seismischen Profil. Die Störungen weisen in diesem Fall eine nach oben konkave Krümmung auf. Inversionsbewegungen einiger Störungen sind durch lokale Verbiegungen des Deckgebirges belegt (besonders deutlich am Verlauf der durch den unteren Pfeil gekennzeichneten Schicht erkennbar; aus JENYON 1990).

male des einfachen Domino-Modells, bei dem ein horizontaler Abscherungshorizont an der Basis der Schollen angenommen wird. Während der Schollenverband um horizontale Achsen rotiert, werden die einzelnen Schollen gleichzeitig in horizontaler Richtung transportiert, so daß sich das betrachtete Gesteinspaket seitlich beständig **ausdehnt**. In dem in Abb. 66A skizzierten Modell wurde die linke untere Ecke des Blockes 1 als Fixpunkt gewählt. Die horizontale Transportweite der anderen Blöcke ist in diesem Fall um so größer, je weiter sie schon ursprünglich von Block 1 entfernt lagen (vgl. A-A' und C-C'). Der Extensionsbetrag e, der durch eine solche einfache Schollenrotation erreicht wird, läßt sich aus dem Einfallen der Störungen nach der Rotation α_r und dem Rotationswinkel β durch die folgende Gleichung ermitteln (Ableitung in THOMPSON 1960):

$$e = \sin(\beta + \alpha_r) / \sin\alpha_r - 1.$$

Da der Einfallswinkel der Störungen bei der Rotation ständig abnimmt, wächst der Reibungswiderstand auf den Störungsflächen, so daß die Bewegung schließlich von selbst zum Stillstand kommt. Weitergehende Extension wird dann unter Umständen mit einer **zweiten Generation** steiler Abschiebungen erreicht, mit denen sich der gesamte Prozeß wiederholt (Abb. 66B; MORTON & BLACK 1975, PROFETT 1977, ANGELIER & COLLETTA 1983). In Abb. 66C ist an zwei Blöcken der Weg derjenigen Eckpunkte eingezeichnet, die den Rotationsachsen gegenüberliegen. Es zeigt sich, daß der betreffende Punkt bei Block 2 zunächst deutlich über sein ursprüngliches Niveau herausgehoben wird und erst bei einem Rotationsbetrag in diesem Beispiel von ca. 25° darunter absinkt, während bei Block 1 sofort eine Absenkung erfolgt. Näher betrachtet, hängt das Ausmaß der **Vertikalbewegung** von zwei Faktoren ab, von dem primären Einfallswinkel der randlichen Störungen und von dem

Längen-/Breitenverhältnis des jeweiligen Blockes. Bei gleichem Rotationsbetrag befindet sich die Kammlinie auf einem um so höheren Niveau, je steiler das primäre Einfallen der Störungen ist. Den Einfluß der Blockgröße auf die Vertikalbewegung veranschaulicht Abb. 66D. Bei breiteren Blöcken ist der Eckpunkt stets höher gelegen als bei schmaleren. Über die Art der bei einer bestimmten Konstellation zu erwartenden Bewegung kann eine einfache Beziehung Aufschluß geben (DAVISON 1989):

$\cos\alpha < x/y$: Hebung + Absenkung
$\cos\alpha > x/y$: nur Absenkung

(α = ursprüngliches Störungseinfallen, x = horizontale Erstreckung des Blockes vor der Rotation, y = Blockerstreckung entlang der Randstörungen).

Bei tiefreichenden Abschiebungen, die große Teile der Kruste durchtrennen, kann die anfängliche **Hebung** (footwall uplift) im Hinblick auf begleitende Sedimentationsprozesse von großer Bedeutung sein. In einem submarinen Umfeld kann auf diese Weise eine relative Hochlage entstehen, die durch reduzierte Sedimentmächtigkeiten gekennzeichnet ist. Reicht der Hebungsbetrag aus, um die Schollenecke über den Meeresspiegel anzuheben, kann sogar Abtragung einsetzen, so daß in der Folge eine Erosionsdiskordanz entsteht (BARR 1987, MORETTI & COLLETTA 1988, YIELDING 1990, ROBERTS & YIELDING 1991). Allerdings müssen bei der Kalkulation von Hebungsbeträgen an Störungen dieser Größenordnung noch weitere Faktoren (das Gewicht der Beckensedimente, isostatische Ausgleichsbewegungen etc.) berücksichtigt werden.

Als elegante Möglichkeit für den **seitlichen Übergang** aus dem Kippschollen-Bereich in angrenzende undeformierte oder anders strukturierte Bereiche wurde von WERNICKE & BURCHFIEL (1982) eine listrische Störung in die Diskussion gebracht (Abb. 66E links). In dem Beispiel, das Abb. 68 zeigt, wird dieser Übergang in vergleichbarer Weise durch eine zirkulare Störung bewerkstelligt. Eine weiter mögliche Geometrie ist in Abb. 66E rechts skizziert. In diesem Fall wird der Wechsel durch antithetische Sekundärstörungen vollzogen, die sich oberhalb der letzten rotierenden Scholle nach dem in Abb. 63 skizzierten Muster entwickeln. Der Übergangsbereich ist dann charakteristischerweise durch eine Grabenzone gekennzeichnet.

Zur Lösung des **Raumproblems an der Basis** der rotierenden Schollen (Abb. 66A) können verschiedene Mechanismen beitragen (GAUDEMAR & TAPPONNIER 1987, AXEN 1988, DAVISON 1989, JACKSON & WHITE 1989). So wird u.a. angenommen, daß mechanische Erosion an den aufliegenden unteren Ecken zum einen eine gewisse Begradigung bewirkt, zum anderen brekziöses Material liefert, das die verbleibenden Spalten füllt. Besitzt das Material des Abscherhorizontes eine hinreichende Duktilität, werden Fließvorgänge den notwendigen Ausgleich bewirken. Sehr schön läßt sich dieses Verhalten entlang der Abscherbahn in dem kleinen Handstück erkennen, das die Abb. 71 zeigt. Deutlich verringert werden kann das Raumproblem auch, wenn sich die einzelnen Schollen nicht vollkommen starr verhalten sondern eine gewisse interne Deformation erfahren (Verbiegung, kleinere Störungen), oder wenn die großen Abschiebungen nicht völlig eben, sondern teilweise gebogen verlaufen. Bei tiefreichenden Störungen können außerdem große Magma-Intrusionen den Raum füllen (MOHR 1983, COWAN et al. 1986, POTTER et al. 1986).

Abb. 68 Eine zirkulare Störung (Pfeilmarkierung) im Übergangsbereich rotierter und unrotierter Schollen; Pleistozän (Foto eines Lackfilmes).

Die beiden Beispiele in Abb. 69 sollen demonstrieren, daß die Geometrie einer Gruppe von Kippschollen in der Natur nicht immer dem einfachen Domino-Modell entsprechen muß. Beide Beispiele haben gemeinsam, daß kein ebener Abscherhorizont wie in Abb. 66 ausgebildet ist. Im ersten Fall (Abb. 69A) ist eine mächtigere Schicht duktilen Materials an der Basis der gestörten Einheit vorhanden, aus der Teile nach rechts aus dem Bildbereich abgeflossen sind. Dieser Prozeß ermöglichte zusätzlich zur Rotation ein differentielles Absinken der aufliegenden Schollen. Weder befinden sich daher deren untere Ecken auf einem einheitlichen Niveau noch ist der Verschiebungsbetrag aller Abschiebungen identisch. Angenähert könnte diese Geometrie durch ein Modell beschrieben werden, bei dem die Kippschollen auf einem geneigten Abscherhorizont rotieren. In solchen Fällen ist der Extensionsbetrag von der Einfallsrichtung des Abscherhorizontes (bezogen auf die Einfallsrichtung der Störungen) und von dessen genauen Einfallswinkel abhängig (AXEN 1987). Im synthetischen Fall (wenn Abscherhorizont und Störungen in die gleiche Richtung geneigt sind) ist der Extensionsbetrag stets größer als bei der gleichen Kippung auf einem horizontalen Abscherhorizont. Im antithetischen Fall ist die Situation umgekehrt.

Daß ein Domino-Baustil auch ohne jegliche duktile Zwischenschicht möglich ist, belegt das zweite Beispiel (Abb. 69B). Es zeigt eine einheitliche Abfolge von Schmelzwassersanden, in der nur im oberen Abschnitt Schollenrotationen stattgefunden haben, wie an der Verstellung der ehemals flach lagernden Schichten zu erkennen ist. Zum Liegenden hin laufen viele der Abschiebungen aus. Die gekippten Schollen können sich in diesem Fall zumindest in ihren unteren Teilstücken nicht völlig starr verhalten haben. Etwa in Höhe des dunkel gefärbten Eisenoxid-Horizontes liegt offensichtlich eine Art **Scharnierzone** vor, in der die Schollen eine gewisse Biegung erfahren haben. Diese führte wahrscheinlich zu einer verstärkten Kompaktion auf der Seite jedes Blockes, die das Hangende in bezug auf die nächste Störung bildet, und zu einer gewissen Auflockerung auf der gegenüberliegenden Seite.

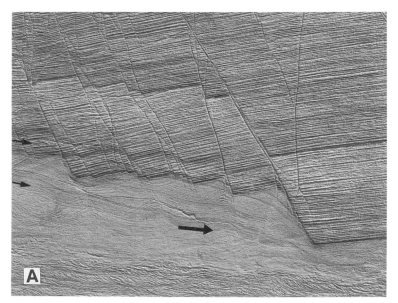

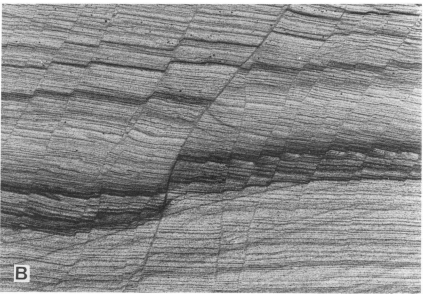

Abb. 69 Zwei Beispiele aus dem Pleistozän für Schollenrotationen nach dem Domino-Prinzip (Fotos von Lackfilmen). (A) Kompensation der Störungen durch duktile Verformung in einer Schlufflage. Der Pfeil in dieser Schicht zeigt die generelle Fließrichtung. Durchzogen wird die Schichtfolge von feinen Bändern post-deformativer Eisenoxid-Fällungen (kleine Pfeile). (B) Abfolge von Schmelzwassersanden, in der nur im oberen Teil Schollenrotationen erfolgt sind. Die dunkle Färbung eines Horizontes im unteren Bildbereich resultiert aus einer massiven Eisenoxid-Fällung. Vergleiche dazu als Gegensatz Abb. 6.

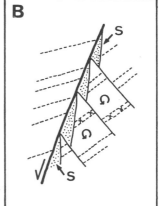

Abb. 70 Schollenrotationen zwischen zwei randlichen Abschiebungen. (A) Pleistozän, (C) Oberkreide (Lengerich). Die Skizze (B) zeigt in schematisierter Form Umrisse einiger rotierter Schollen nahe der linken Randstörung in (A).

Eine Drehbewegung paralleler Schollen mit dem umgekehrten Drehsinn (verglichen mit Abb. 66A) bewirkt im Anfangsstadium eine gewisse Öffnung der Störungen. Diese erreicht ihr Maximum, wenn die Störungen eine vertikale Stellung einnehmen. Die weitere Verformung stimmt dann prinzipiell mit dem schon erläuterten Schema überein. Wenn die Abschiebungen bereits vor Beginn der Rotation größere Unterschiede im Verschiebungsbetrag aufwiesen, kann es leicht sein, daß einige Störungen danach als steile Aufschiebungen erscheinen (Abb. 100C; MANDL 1987).

Falls der Abstand zwischen größeren Abschiebungen sehr gering ist, wird die dazwischenliegende Zone während der Störungsaktivität häufig durch Querstörungen in kleinere, leicht bewegliche Teilschollen zerlegt. Daher ist gerade in solchen Bereichen bevorzugt mit lokalen Schollenrotationen zu rechnen. In Abb. 70A ist als Beispiel eine interessante Störungszone aus dem Pleistozän dokumentiert, bei der zwischen den beiden randlichen Hauptabschiebungen eine Reihe annähernd paralleler Querstörungen (vermutlich konjugierte Brüche zu den Randstörungen) auftritt. Diese wurden ebenfalls nach dem Domino-Prinzip, größenordnungsmäßig um 20° gegen den Uhrzeigersinn rotiert. Dieser Wert ergibt sich aus dem Unterschied im Einfallen der Schichten innerhalb und außerhalb der Störungszone. Der Drehsinn läßt sich aus dem Umriß einiger rotierter Schollen im mittleren Bildbereich ableiten (s. Prinzipskizze in Abb. 70B). Eine völlig analoge Störungsgeometrie beschreibt auch WURSTER (1953) aus Kalksteinen des unteren Muschelkalkes. Erfahrungsgemäß werden Schollen innerhalb einer Störungszone mit zunehmendem Verschiebungsbetrag immer mehr rotiert, wobei sich die Raumlage der Drehachsen stetig ändern kann. Daher unterscheiden sich die Lagerungsverhältnisse in solchen Schollen sowohl in bezug auf die Streichwerte als auch in bezug auf die Einfallswerte in vielen Fällen von den Lagerungsverhältnissen im weiteren Umfeld der Störungszone (Abb. 70C). Selbst von Teilscholle zu Teilscholle innerhalb einer Störungszone kann die Raumlage der Schichten unvermittelt wechseln. Speziell aus diesem Grund ist es nicht immer leicht, Schichtlagerungsdaten zu interpretieren, die aus Bohrungen durch Störungszonen, d.h. aus den Bohrkernen oder aus Bohrlochmessungen gewonnen wurden.

5.4 Konjugierte Abschiebungen

Wie andere Störungsformen auch treten Abschiebungen häufig in Form **konjugierter** Scharen auf. Daraus resultiert die typische Graben-Horst-Geometrie, die für viele Extensionsbereiche, vom Zentimeter- bis zum Kilometerbereich, kennzeichnend ist. Im Idealfall sind die beiden konjugierten Scharen gleichberechtigt, wie bei Laborexperimenten, in denen eine horizontale Sandschicht mit Hilfe eines unterlagernden Gummituches gleichmäßig gedehnt wird (Abb. 12A). Abschiebungen beider Scharen treten hierbei normalerweise in etwa gleicher Zahl auf, und die Einfallsrichtungen der einzelnen Störungen werden zumindest im Anfangsstadium eher vom Zufall bestimmt (VENDEVILLE et al. 1987, MANDL 1988). Auch in dem Handstück aus einer kleinen Rutschung, das in Abb. 71 dokumentiert ist, hatten beide Scharen offensichtlich die gleiche Chance, sich zu entwickeln. Der Baustil wird fast überall von **Gräben und Horsten** bestimmt, nur in einigen kleinen Teilbereichen dominieren parallele, domino-artig rotierende Abschiebungen. Wie leicht nachzuprüfen ist, unterscheiden sich die mittleren Einfallswinkel der beiden Scharen um einen geringen Betrag. Die Winkelhalbierende, die der Orientierung der größten Hauptspannung σ_1

Konjugierte Abschiebungen 75

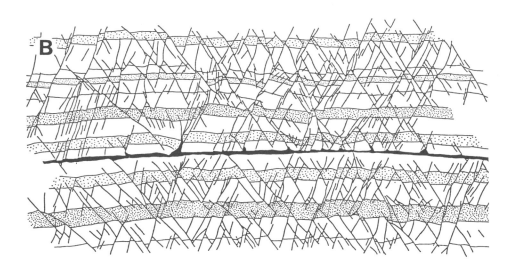

Abb. 71 Netz konjugierter Abschiebungen in einer altpleistozänen Wechselfolge feinsandiger (hell) und schluffiger bis toniger Schichten (dunkel). (A) Foto eines Handstückes, (B) Kartierung des Störungsnetzes. Der Pfeil in (A) markiert eine interne Gleitbahn.

bei der Deformation entspricht, weicht daher etwas von der Vertikalen ab. Sie ist in diesem Fall geringfügig in die Richtung geneigt, in die sich der Block nach dem Geländebefund bewegt hat. Die beobachtete Asymmetrie stimmt genau mit Ergebnissen einer theoretischen Analyse von Spannungen und Verformungen in einer gleitenden Scholle überein (MANDL 1988: Fig. I.2-85). Besonders deutlich wird an dem abgebildeten Profil auch die **entkoppelnde Wirkung** duktiler Schichten innerhalb einer Wechselfolge. Bei genauerer Betrachtung läßt sich die gesamte Abfolge grob in vier Stockwerke (A-D) unterteilen, in denen jeweils ein mehr oder weniger eigenständiges Netz von Abschiebungen vorhanden ist. Die einzelnen Störungen laufen größtenteils in den mächtigeren schluffigen bis tonigen Zwischenschichten (x-z in Abb. 71) aus, eher vereinzelt versetzen größere Abschiebungen auch diese Schichten. Aus dieser Form der Deformation resultieren zwangsläufig stärkere Schwankungen in der Mächtigkeit der duktilen Horizonte, wie sie besonders gut an der oberen Schicht (x) zu erkennen sind. Hochgepreßtes duktiles Material füllt eine Reihe von Spalten zwischen benachbarten Schollen direkt über der kleinen Abscherungsbahn, die knapp unterhalb der Bildmitte verläuft.

In Abb. 72 besteht der gestörte Schichtverband aus einer relativ einheitlichen Abfolge parallel geschichteter, ehemals horizontal lagernder Sande. Auch hier wird die Geometrie von konjugierten Abschiebungen geprägt, die Gräben und Horste entstehen lassen. Das Besondere an diesem Beispiel aber liegt in der Fülle der erkennbaren Details. So erweisen sich beispielsweise einige Störungszonen, die bei einer geringeren Auflösung als einfache Abschiebungen erscheinen würden, hier als ein kompliziertes Netzwerk kleinerer Störungen. Zwei der Störungszonen (Bereiche A und B in Abb. 72B) werden durch größere, sich teilweise überlappende Segmente der einen Schar gebildet, die durch kleinere konjugierte Störungen der anderen Schar miteinander verbunden sind. Bereits an einigen kleineren Störungen ist zu erkennen, daß ein nach oben konkaver Störungsverlauf eine differentielle, d.h. hier zum Hangenden hin abnehmende Verstellung der Schichten in den abgesunkenen Schollen zur Folge hat (Bereiche I und D in Abb. 72B). Noch deutlicher wird dieses Phänomen an der großen, durchgehenden Grabenrandstörung in der rechten Bildhälfte, die im unteren Teil eine deutliche Biegung aufweist (Bereich C in Abb. 72B). Dieser gebogene Störungsabschnitt bildet gleichzeitig die seitliche Begrenzung eines Kippschollen-Bereiches (Abb. 66E). Entsprechende Biegungen können ebenso wie Störungsknicke für eine fortwährende Bildung sekundärer Störungen verantwortlich sein, wenn bei einer fortgesetzten Aktivität der Hauptabschiebung immer neue Teilstücke der Hangendscholle einen solche Bogen passieren (vgl. Abb. 51).

Auffällig in dem gezeigten Beispiel ist auch der grundverschiedene Grad der Zerlegung der beiden Grabenschollen im oberen Bildabschnitt (Bereiche E und F in Abb. 72B). Auf diesen Unterschied wird weiter unten im Zusammenhang mit möglichen Entwicklungen im Kreuzungsbereich konjugierter Abschiebungen eingegangen. Gemeinsam haben beide Gräben, daß die jeweilige rechte Randstörung nicht einfach an den konjugierten Störungen terminiert, sondern in diese in einem kontinuierlichen Bogen einmündet (Bereiche G und H in Abb. 72B). An der Basis des linken Grabens (Bereich G in Ab. 72B) befindet sich vor dem angesprochenen Bogen eine größere Ansammlung zerriebenen Materials und kleinster Schollen aus der Störungsbahn, genau dort, wo während des Deformationsprozesses aufgrund der Schollengeometrie auch theoretisch eine gewisse lokale Öffnung auftreten sollte.

Konjugierte Abschiebungen 77

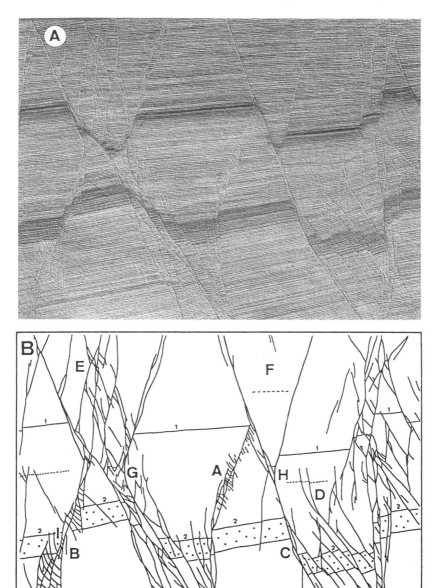

Abb. 72 Störungsnetz in pleistozänen Schmelzwassersanden. (A) Foto eines Lackfilmes, (B) Strukturkartierung. Die Buchstaben in der Kartierung markieren Bereiche, in denen im Text beschriebene Phänomene zu finden sind, die Zahlen 1 und 2 zwei durchgehende Schichten, die über das gesamte Profil verfolgt werden können.

Einige prinzipielle Merkmale des Störungsnetzes in Abb. 72 lassen sich auch in Abb. 73 wiedererkennen, die Abschiebungen einer etwas größeren Dimension in tertiären Kalken zeigt. So können u.a. an einigen Abschiebungen ebenfalls deutliche Veränderungen des Verschiebungsbetrages festgestellt werden, etwa an den beiden Störungen, die einen kleinen Graben in der linken Bildhälfte begrenzen (Bereich A in Abb. 73). Ungefähr in den gleichen Schichten, in denen links dieser Graben auftritt, sind auf der rechten Seite mehrere nach oben konkave Abschiebungen entwickelt, die zum Hangenden hin kontinuierlich auslaufen (Bereich B in Abb. 73). Auch hier ist eine differentielle Verstellung der Schichten in den jeweiligen Hangendschollen erkennbar. Auf die Segmentstrukturen (Bereiche C und D in Abb. 73), bei denen eine Übertragung des Verschiebungsbetrages von einer Störung auf eine andere, seitlich etwas versetzte Störung stattfindet, sei ebenfalls hingewiesen.

Abb. 74 schließlich zeigt Graben- und Horststrukturen einer ganz anderen Größenordnung, in einem seismischen Profil aus der Nordsee. Wegen der guten Qualität der Reflexionen konnten auch hier interessante Einzelheiten der Störungsgeometrie kartiert werden (Variation der Verschiebungsbeträge, unregelmäßiger Störungsverlauf, Segmentstrukturen, Schichtschleppungen, deformationsbedingte Änderungen im Einfallen der Schichten). Allerdings dürfte gerade der Vergleich mit Abb. 72 deutlich machen, daß die Störungen, die in dem seismischen Profil als einfache Linien kartiert wurden, natürlich sehr komplexe Gebilde darstellen können und daß in dem Profilabschnitt sicher noch zahlreiche kleinere Abschiebungen mit Versatzbeträgen unterhalb der seismischen Auflösung zu erwarten sind. So fällt beispielsweise auf, daß die Reflexionen in dem Horst links unten deutlich schlechter sind als im Umfeld, möglicherweise bedingt durch eine stärkere interne Strukturierung dieses Horstes (vgl. Abb. 75B).

Bei benachbarten konjugierten Abschiebungen, von denen bekannt ist, daß sie sich irgendwo **kreuzen** müssen, stellt sich zwangsläufig die Frage nach den möglichen Verhältnissen am Kreuzungspunkt. Bei der Erforschung dieses Aspektes, der nicht zuletzt für die Störungskartierung (Altersrelation) in seismischen Profilen von Bedeutung ist (Abb. 74, vgl. auch BADLEY et al. 1989: Fig. 8), haben Laborversuche ebenfalls wichtige Erkenntnisse geliefert (FREUND 1974, HORSFIELD 1980). Im einfachsten Fall wird eine Abschiebung von der anderen versetzt, was besagt, daß beide zu unterschiedlichen Zeiten aktiv waren. Daß sich zwei Abschiebungen aber auch durchtrennen können, ohne daß eine Störung eine größere Versetzung erfährt, belegt das auf den ersten Blick sicher erstaunliche Aufschlußbeispiel in Abb. 75A. Oberhalb des Kreuzungsbereiches (cross-over zone) ist ein Graben, unterhalb ein Horst vorhanden. Die Beträge, um die bestimmte Schichten jeweils versetzt werden, stimmen bei beiden Störungen annähernd überein. Zum Verständnis dieser Geometrie ist es wesentlich, sich zu vergegenwärtigen, daß eine gewisse Versetzung von Schichten an einer Störung bereits **während** und nicht erst im Anschluß an deren Bildung erfolgt (Abschn. 4.1). Daher wird zwischen konvergierenden Störungsabschnitten, die gleichzeitig aktiv sind, bereits ein kleiner Graben bestehen, bevor sich die Rißfronten überhaupt treffen (Abb. 76A). Von dem Moment an, in dem sich die beiden Rißfronten kreuzen, werden auch die seitlichen Schollen zunehmend in die **Vertikalbewegung** einbezogen (Abb. 76B). Solange der Versatz in Höhe des Kreuzungspunktes noch sehr klein ist, kann das Nachsinken der Grabenscholle einfach durch den Kollaps der 'Grabenspitze' gewährleistet werden. Dieses Stadium liegt in etwa in dem Beispiel der Abb. 75A vor. Bei großen Abschiebungen in Festgesteinen wird am

Abb. 73 Konjugierte Abschiebungen in tertiären Kalken am Rande des Wadi al Kils, Midyan-Halbinsel, Saudi-Arabien (Aufnahme H.-J. BAYER). Die Buchstaben in der Kartierung markieren Bereiche, in denen im Text beschriebene Phänomene zu finden sind.

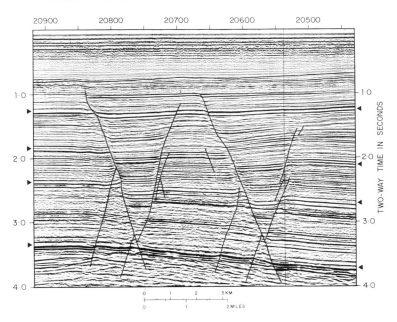

Abb. 74 Konjugierte Abschiebungen in einem seismischen Profil (Nordsee) (aus BADLEY 1985). Die strukturellen Verhältnisse lassen sich leichter erfassen, wenn die am Rand markierten Horizonte, die sich durch das gesamte Profil verfolgen lassen, koloriert werden.

Abb. 75 Beispiele sich kreuzender konjugierter Abschiebungen. Aufschlußfotos aus dem Pleistozän. In (A) besteht die gestörte Abfolge aus sandigen (heller Grauton) und schluffigen Schichten (dunkler Grauton). Der duktilere Charakter im unteren Teil der Schichtfolge dokumentiert sich hier in einem etwas geringen Einfallswinkel der Störungen. In (B) und (C) durchtrennen die Abschiebungen eine reine Sandfolge. Der dunkle Grauton einzelner Horizonte ist in diesem Fall bedingt durch ausgefällte Eisenoxide. Die Störungen in (B) terminierten wenig unterhalb des Bildausschnittes in einer Schlufflage.

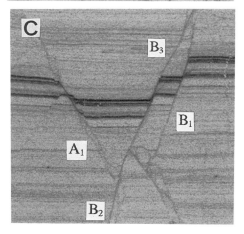

Kreuzungspunkt mit einem dichten Netz kleiner und kleinster Bruchstrukturen zu rechnen sein. Die anschließende Entwicklung führt meist zu einer zunehmenden Zerlegung der Grabenscholle. Die genaue Störungsgeometrie richtet sich dabei nach dem weiteren Bewegungsablauf unterhalb des Kreuzungspunktes, ob nur eine der beiden Störungen oder ob beide gleichzeitig oder wechselweise aktiv bleiben. Zwei mögliche Entwicklungen sind in Abb. 76C-F skizziert. In Abb. 76C und D wurde davon ausgegangen, daß die weiteren Bruchprozesse von der Verschiebung entlang des Segmentes A_2 bestimmt werden, während Segment B_2 schon bald nach der Kreu-

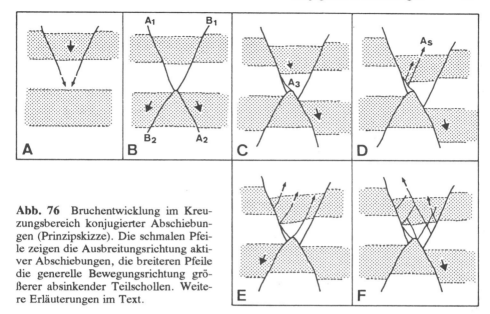

Abb. 76 Bruchentwicklung im Kreuzungsbereich konjugierter Abschiebungen (Prinzipskizze). Die schmalen Pfeile zeigen die Ausbreitungsrichtung aktiver Abschiebungen, die breiteren Pfeile die generelle Bewegungsrichtung größerer absinkender Teilschollen. Weitere Erläuterungen im Text.

zung der Störungen inaktiv wurde. Infolge der geringen Versetzung von A_1 an B_2 hat eine Verschiebung entlang von A_2 zur Folge, daß sich dieses Segment vom ursprünglichen Kreuzungspunkt aus weiter zum Hangenden hin ausbreitet, so daß Segment A_3 entsteht. Wenn der Abstand zur alten Störungsbahn (A_1) nur gering ist, ist es wahrscheinlich, daß die Rißfront in diese einbiegt, so daß A_1 wieder in die weitere Bewegung einbezogen wird (Abb. 76C). Die lokale Verflachung in der Störungsbahn kann dann unter Umständen im Graben antithetische Sekundärstörungen verursachen (A_s in Abb. 76D, Abb. 51). Diese Situation liegt beispielsweise an der linken Randstörung des linken Grabens in Abb. 72 vor. An dem vergleichbaren Graben in der gleichen Abbildung rechts (Bereich F in Abb. 72B) hat das Störungsteilstück, das den linken Grabenrand bildet, hingegen keine nennenswerte Versetzung erfahren. Der Störungsabschnitt, der den darunterliegenden Horst auf der linken Seite begrenzt, war hier bereits frühzeitig inaktiv, so daß die gegenüberliegende Störung (entspricht $A_1 + A_2$ in Abb. 76B) ihren geradlinigen Verlauf behielt. Aus diesem Grund blieb die Grabenscholle in diesem Fall auch weitestgehend undeformiert, während die Grabenscholle links infolge der Bewegung über den flacheren Störungsabschnitt in Teilschollen zerlegt wurde. Im zentralen Bereich dieses Grabens wurde durch die Scherbewegungen an den antithetischen Abschiebungen sogar bereits eine weitere (dritte) Generation von Störungen initiiert, die nun wieder synthetisch zur Hauptstörung angeordnet sind (vgl. dazu Abb. 70A).

Bei einer kombinierten Aktivität der beiden Segmente A_2 und B_2 in Abb. 76 wird es auch im Grabenbereich selbst noch zu weiteren Kreuzungen von Störungen kommen, wie die Abb. 76E und F veranschaulichen sollen. Ausgehend von der in Abb. 76C dargestellten Stituation wurde hier angenommen, daß zunächst eine geringe Verschiebung entlang der Störung B_2 (Abb. 76E) und anschließend wieder eine Verschiebung entlang von A_2 erfolgt (Abb. 76F). Aufgrund des erweiterten Raumangebotes werden sich im Graben hierbei neue Abschiebungen entwickeln, die von den Randstörungen des Grabens zum Hangenden hin propagieren und vorwiegend in die gleiche Richtung einfallen wie die jeweils aktiven Basissegmente A_2 und B_2. Es dürfte klar sein, daß je nach deren genauen Bewegungsraten ein von Fall zu Fall verschiedenes, oft nur schwer zu entschlüsselndes Schollenmosaik im Graben resultieren kann.

In Abb. 76 wurde davon ausgegangen, daß sich die primären Abschiebungen nach unten hin ausbreiten. Aber auch wenn sie sich in entgegengesetzter Richtung (von unten nach oben) fortpflanzen, verläuft der Prozeß in vergleichbarer Weise. Die größeren Versatzbeträge sind dann jedoch unterhalb des Kreuzungspunktes zu erwarten (HORSFIELD 1977: Fig. 3a). Ein Beispiel dieser Art, allerdings in einem weiter fortgeschrittenen Stadium, zeigt die Abb. 75B. Neben dem charakteristischen Verspringen der Störungsbahnen am Übergang vom Graben zum Horst ist hier auch die interne Zerlegung des Horstes in kleinere Teilschollen auffällig, die wiederum durch sich kreuzende konjugierte Abschiebungen erfolgt (man beachte deren relative Altersbeziehungen !). In Abb. 75C schließlich ist noch ein Beispiel dokumentiert, in dem die beiden Störungssegmente, die den Horst im unteren Teil des Bildes begrenzen, offensichtlich abwechselnd aktiv waren. Dabei wurde zunächst das Segment B_1, anschließend das Segment A_1 entlang der jeweils konjugierten Störung versetzt. Die eine durchgehende Störung (die von rechts oben nach links unten verläuft) setzt sich folglich aus zwei unterschiedlich alten Segmenten (B_2, B_3) zusammen.

Nicht immer sind in der Natur beide Scharen eines konjugierten Paares gleichwertig, manchmal ist eine Schar deutlich stärker vertreten als die andere. Erkenntnisse über die Faktoren, die für solche Unterschiede verantwortlich sein können, wurden

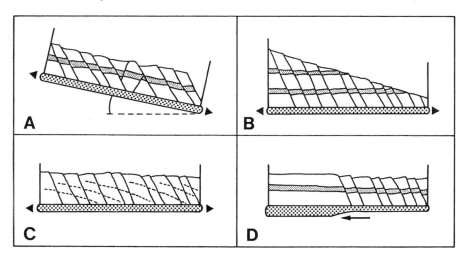

Abb. 77 Einige Faktoren, die die Einfallsrichtungen von Abschiebungen kontrollieren. Die Zeichnungen geben in schematisierter Form Ergebnisse von Laborexperimenten wider (nach Ergebnissen von MCCLAY & ELLIS 1987, VENDEVILLE et al. 1987, MANDL 1988. (A) Primäre Neigung einer Schichtfolge. (B) Neigung der Oberfläche. (C) Festigkeitsanisotropie. (D) Fortschreitende Extensionsfront (symbolisiert durch eine Verdünnung des Gummibandes an der Basis der Schichtfolge).

ebenfalls vorwiegend im Experiment gesammelt. Führt man beispielsweise den oben angesprochenen Versuch (gleichmäßige Dehnung mit einem Gummituch) mit einer etwas gekippten Modellapparatur durch, so hat die **Schichtneigung** zur Folge, daß das Einfallen der weitaus überwiegenden Zahl von Abschiebungen mit der Richtung des Gefälles übereinstimmt (Abb. 77A). Liegt die Schichtfolge horizontal, kann sogar schon eine **Neigung der Oberfläche** die hangabwärts gerichtete Störungsschar begünstigen (Abb. 77B). Auch infolge einer **Festigkeitsanisotropie**, die durch eine Schrägschichtung von Sedimenten bedingt ist, kann eine Schar bevorzugt ausgebildet sein (Abb. 77C). Durch spezielle Versuchsanordnungen ist es ferner möglich, eine **ungleichmäßige Dehnung** des Modellmaterials hervorzurufen, die dem 'Wandern einer Extensionsfront' entspricht (FAUGERE & BRUN 1984, VENDEVILLE et al. 1987, MANDL 1988). Das Einfallen der Abschiebungen erfolgt dann vorzugsweise entgegengesetzt zu der Richtung, in der sich die Extensionsbedingungen ausbreiten (Abb. 77D, 69A).

5.5 Flexuren

In diesem Abschnitt werden nur flexurartige Verbiegungen von Gesteinsschichten (flexures) betrachtet, die in direktem Zusammenhang mit der Bildung oder der Aktivität von Abschiebungen stehen. Manche der Phänomene können in ihrem Erscheinungsbild sehr ähnlich sein, obwohl sie auf unterschiedliche Ursachen zurückgehen.

Auf den unmittelbaren Randbereich einer Abschiebung beschränkt sind **Schleppungserscheinungen** (fault drag), die durch **Reibungseffekte** auf einer Störungsfläche hervorgerufen werden. Ihre besondere Bedeutung liegt darin, daß sie Aufschluß über den relativen Bewegungssinn an einer Störung geben können. Erfahrungsgemäß tritt dieses Phänomen bevorzugt in dünnbankigen oder in weniger kompetenten Gesteinseinheiten auf. Bei der Messung des Verschiebungsbetrages an Störungen mit Schichtschleppungen ist darauf zu achten, daß die Bezugspunkte außerhalb der Schleppungszone liegen, da sonst zu geringere Werte notiert werden (Abb. 78).

Unter der Bezeichnung 'reverse drag' werden in der englischsprachigen Literatur gelegentlich noch die antithetischen Flexuren **in der Hangendscholle** mancher Abschiebungen angesprochen (Abb. 25), obwohl ihre Entstehung mit einem Schlep-

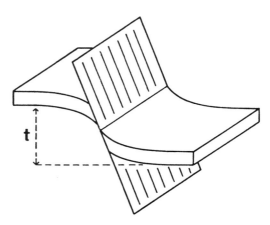

Abb. 78 Bestimmung des Versetzungsbetrages an einer Abschiebung mit randlichen Schleppungserscheinungen.

pungsvorgang nichts zu tun hat. Bei isolierten, geradlinig verlaufenden Abschiebungen resultieren solche Flexuren einfach daraus, daß der Versetzungsbetrag mit wachsendem Abstand von der Störung abnimmt (Abb. 20). Wesentlich ausgeprägter sind sie im allgemeinen jedoch bei listrischen Abschiebungen, bei denen der eben erwähnte Effekt durch eine differentielle Absenkung der Hangendscholle über dem gebogenen Störungssegment verstärkt wird (Abschn. 5.6).

Flexuren können auch **oberhalb** einer sich ausbreitenden Rißfront entstehen, wenn die weitere Rißfortpflanzung dort entweder aufgrund des duktileren Verhaltens der betroffenen lithologischen Einheit oder aufgrund einer veränderten Spannungssituation erheblich behindert wird, während die Absenkung der Hangendscholle an dem schon vorhandenen Teilstück der Störung noch andauert. Im Experiment mit Ton als Modellmaterial entwickelt sich dann eine sich nach oben ausweitende und gleichzeitig verflachende Flexurzone (extensional forced fold, Abb. 79B), deren Geometrie vom Einfallswinkel der Abschiebung beeinflußt wird (WITHJACK et al. 1990). Steilere Störungen führen demnach zu schmaleren Flexuren mit stärker geneigten Flanken, flachere Störungen hingegen zu relativ breit angelegten Schichtverbiegungen. Geht die Verschiebung an der Störung noch eine Zeitlang weiter, nachdem bereits eine Flexur ausgebildet ist, so entwickelt sich darin (nicht nur in der Projektion der Abschiebung) als Folge der Streckung der Schichten ein zunehmend dichter werdendes Netz kleinerer, syn- und antithetischer Störungen. (Abb. 79C, 45). Diese wachsen mit steigendem Absenkungsbetrag immer mehr zusammen, bis schließlich eine durchgehende Störungszone vorhanden ist. Der größere Teil der ehemaligen Flexurzone befindet sich danach meist in der Hangendscholle (Abb. 79D, WITHJACK et al. 1990). Schichtverbiegungen im Störungsumfeld, die aus einem ehemaligen Flexurstadium stammen (Abb. 80), werden nicht selten mit Schleppungserscheinungen verwechselt. Auf die beschriebene Weise können auch mechanisch äußerst schwache Gesteine, selbst Salzfolgen, von Abschiebungen durchtrennt und versetzt werden, sobald der Vertikalversatz unterhalb dieser Schichten nur hinreichend groß wird.

Wenn innerhalb der flexurartig verbogenen Gesteinsfolge Gleithorizonte oder besonders duktile Schichten existieren, zeigt sich im Experiment der interessante Effekt, daß es weiter außen auf der Liegendscholle ebenfalls zu Bruchvorgängen kommt. Unter diesen Umständen findet eine Art Extensions-Transfer statt, wodurch noch in größerem Abstand von der Flexurzone sekundäre Abschiebungen hervorgerufen werden (Abb. 81, VENDEVILLE 1988, WITHJACK et al. 1990). Ein geradezu modellhaftes Beispiel dieses Phänomen zeigt ein seismisches Profil aus der Barents See (Abb. 82). Verantwortlich für die Abkopplung des paläozoischen Grundgebirge vom Deckgebirge ist in diesem Fall eine Salzfolge, die auf der Liegendscholle ein Kissen bildet. In dem flexurartig verbogenen, augenscheinlich relativ spröden Horizont unmittelbar über dem Salz sind sowohl nahe an der Grundgebirgsstörung als auch weiter entfernt auf dem Salzkissen Störungen erfaßt. Die Neigung dieser Schicht wiederum war offensichtlich verantwortlich für Gleitbewegungen und damit für die Entstehung einer großen listrischen Abschiebung (L) im Hangenden der Flexur. Am oberen Ende dieser Störung (in einer Tiefe von ca. 1,1 sec) tritt in Verbindung mit einem weiteren Abscherhorizont, der auch für die Bruchentwicklung im obersten Teil der Schichtfolge (Domino-Baustil) maßgeblich war, eine weitere kleinere, allerdings bereits durchtrennte Flexur auf. Nahezu lehrbuchartig sind in diesem Beispiel auch die antithetischen Störungen in der Hangendscholle der listrischen Abschiebung (Abschn. 5.6).

Flexuren 85

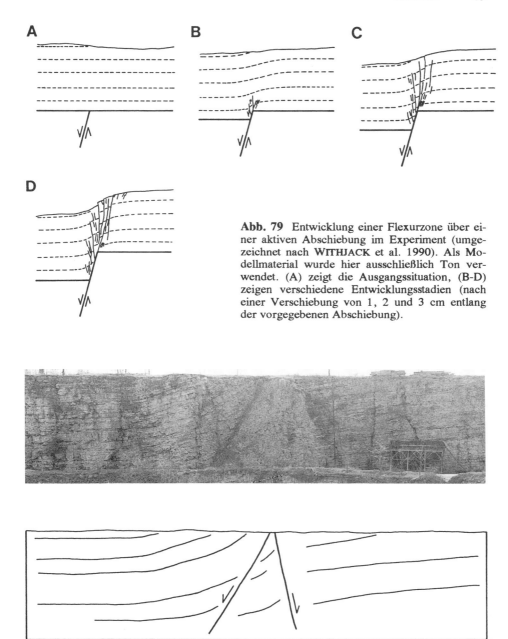

Abb. 79 Entwicklung einer Flexurzone über einer aktiven Abschiebung im Experiment (umgezeichnet nach WITHJACK et al. 1990). Als Modellmaterial wurde hier ausschließlich Ton verwendet. (A) zeigt die Ausgangssituation, (B-D) zeigen verschiedene Entwicklungsstadien (nach einer Verschiebung von 1, 2 und 3 cm entlang der vorgegebenen Abschiebung).

Abb. 80 Aufschlußfoto aus einem Steinbruch im oberen Muschelkalk bei Vaihingen mit einer Skizze der strukturellen Verhältnisse. Die im Randbereich einer Abschiebung erkennbare Schichtverbiegung wird als ehemalige Flexur interpretiert, die später von der Störung durchtrennt wurde.

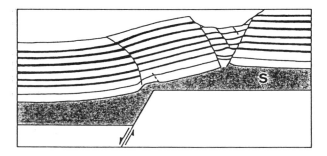

Abb. 81 Modellversuch zur Bruchentwicklung über einer reaktivierten Abschiebung (umgezeichnet aus VENDEVILLE 1988). Das deformierte Material besteht aus einer duktilen Schicht (Silikon-Paste, punktiert dargestellt) und einer auflagernden spröden Schicht (Sand).

Abb. 82 Ausschnitt aus einem seismisches Profil durch das Nordkapp Becken (Barents See) (aus GABRIELSEN et al. 1992). B kennzeichnet eine bedeutende Abschiebung im paläozoischen Grundgebirge (P), S den Salzhorizont, der für die Abkopplung von Grund- und Deckgebirge verantwortlich ist, F die flexurartig verbogene Deckschicht über dem Salz und L listrische Abschiebungen im Deckgebirge. Vertikaler Maßstab in Sekunden Reflexionszeit.

Es sei noch darauf hingewiesen, daß auch in dem Aufschlußbereich, den Abb. 55 zeigt, ein flexurartiges Erscheinungsbild vorliegt, bedingt durch die Neigung der Schichten zur Hangendscholle hin. Die Ursache liegt in diesem Fall in einer lokalen Stauchung, die durch eine Unregelmäßigkeit im Störungsverlauf bedingt war. Ähnliche Phänomene können sich auch an gebogenen Abschiebungen ergeben, deren Verlauf nicht einem genauen Kreisbogen entspricht (Abb. 65).

5.6 Das Inventar der Hangendscholle listrischer Abschiebungen

Listrische, d.h. konkav gebogene Abschiebungen, deren Einfallen sich vom oberen steilen Teilstück zum Liegenden hin drastisch verringert, sind inzwischen aus vielen, strukturell ganz unterschiedlich gebauten Regionen beschrieben worden, sowohl aus sedimentären Abfolgen als auch aus dem kristallinen Basement (Übersichten in BALLY et al. 1981 und SHELTON 1984, BALLY 1983, BRUCE 1984, ELLENOR & JAMES 1984, HOSSACK 1984, ARABASZ & JULANDER 1986, BRADSHAW & ZOBACK 1988, MANDL 1988, ENACHESCU 1990, REID & KEEN 1990, BEACH & TRAYNER 1991, COWARD et al. 1991). Gewöhnlich ist ihr Auftreten an duktile Schichten oder flache Abscherhorizonte (detachments) im Untergrund geknüpft (Abb. 16, 83), wobei auch abschiebende Bewegungen an steilen Störungen im Untergrund ihre Entstehung auslösen können (Abb. 82, 84; VANARSDALE & SCHWEIG 1990). Eine Ausnahme bildet die listrische Störung in Abb. 86B, die in weitgehend homogenen Schmelzwassersanden auftritt.

Schon HAMBLIN (1965) erkannte, daß die Verflachung der Störungsbahn zwangsläufig zu einer beträchtlichen internen Deformation der gleitenden Hangendscholle führen muß, deren sichtbarstes Ergebnis in der Regel eine ausgeprägte **antithetische Flexur** ist (Abb. 16, 89). Dadurch entsteht ein typischer **Halbgraben** (half graben), der auf der einen Seite von einer relativ steilen Störung begrenzt wird, sich auf der

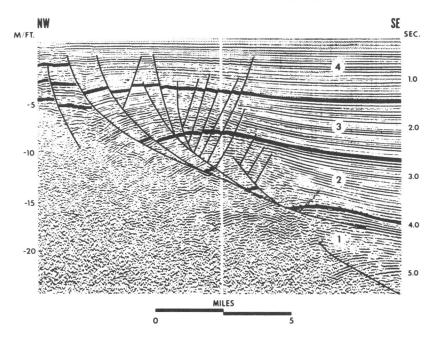

Abb. 83 Synsedimentäre listrische Abschiebungen in einem seismischen Profil, Texas (aus BRUCE 1973; mit Genehmigung der *American Association of Petroleum Geologists*). Vertikaler Maßstab in Sekunden Reflexionszeit. Die Entstehung der antithetischen Störungen wird vom Autor auf differentielle Kompaktion und die Rotation der höherliegenden listrischen Abschiebungen im Rollover-Bereich der tieferliegenden Hauptabschiebung zurückgeführt.

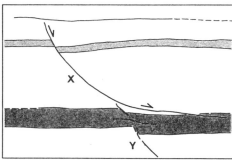

Abb. 84 Kleine listrische Abschiebung im oberen Muschelkalk, Foto und Strukturkartierung; Darmsheim. Ausgelöst wurde ihre Bildung durch eine geringe Absenkung an einer tieferliegenden, geradlinigen Abschiebung, wobei eine zwischenlagernde Tonschicht als Abscherhorizont fungierte.

anderen Seite jedoch kontinuierlich verflacht. Bei der Bildung der Flexur, die in dieser speziellen Situation als Rollover-Antiklinale (rollover anticline) oder einfach als **Rollover** bezeichnet wird, kommt zu dem Schichteinfallen, das bereits aus der Entstehung der Störung resultiert (Abb. 20), noch eine weitere, größere Komponente aus einem anderen Prozeß hinzu. Diese läßt sich leicht veranschaulichen, wenn man die Bewegung der Hangendscholle in zwei Schritte zerlegt. Zunächst wird die Scholle parallel zum flachen Störungsabschnitt verschoben, wobei sich unterhalb des gebogenen Abschnittes ein Hohlraum entwickelt (Abb. 85B). Im zweiten Schritt wird die Lücke geschlossen, indem die Hangendscholle in diesem Bereich abgesenkt wird. Die **Form** der Flexur (oder anders ausgedrückt der Umfang der Rotation der Schichten) wird daher maßgeblich vom **Grad der Krümmung** der listrischen Störung bestimmt (MURAWSKI 1976, ELLIS & MCCLAY 1988). Aber auch die Deformationsmechanismen (schichtparallele Gleitungen, syn- und antithetische Störungen, Schollenrotationen etc.), die bei der Verformung der Hangendscholle jeweils dominieren, haben Einfluß auf die Rollover-Geometrie. Sie entscheiden über die generelle Richtung, in die sich die einzelnen Partikel der Hangendscholle im speziellen Fall bewegen (Abb. 85B). Inzwischen wurde eine ganze Reihe von Verfahren publiziert, um die mögliche Geometrie einer sich bewegenden Hangendscholle auch quantitativ zu

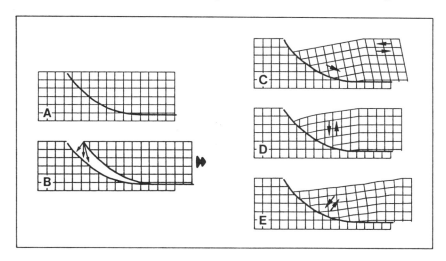

Abb. 85 Rollover-Geometrie als Funktion unterschiedlicher Deformationsmechanismen in der Hangendscholle einer listrischen Abschiebung (leicht verändert nach NUNNS 1991). (A) zeigt die Ausgangssituation, (B) verschiedene Bewegungsvektoren in der Hangendscholle, (C)-(E) verschiedene Geometrien. (C) reine Schollenrotation, erfordert schichtparallele Gleitungen (flexural slip), (D) einfache Scherung in vertikaler Richtung, (E) einfache Scherung schiefwinklig zur Hauptstörung.

beschreiben (VERRALL 1981, GIBBS 1983, DAVISON 1986, WHITE et al. 1986, WHEELER 1987, WILLIAMS & VANN 1987, FAURE & CHERMETTE 1989, GROSHONG 1989, 1990, ROWAN & KLIGFIELD 1989, KELLER 1990, DULA 1991, NUNNS 1991, WHITE & YIELDING 1991). Sofern der genaue Verlauf einzelner Schichten in der Hangendscholle bekannt ist, erlauben es diese Methoden auch, Prognosen über die Gestalt der darunterliegenden Störung und die Tiefenlage des Abscherhorizontes zu erstellen (balancing, cross section restoration). Die Ergebnisse, die bei der Modellierung einer bestimmten Struktur mit den einzelnen Methoden erzielt werden, können sich allerdings deutlich unterscheiden, wie Vergleiche verschiedener Autoren zeigen (ROWAN & KLIGFIELD 1989, DULA 1991, WHITE & YIELDING 1991). Die Hauptschwierigkeit besteht zur Zeit in der Auswahl des Verfahrens, durch das die Deformation der Hangendscholle im jeweiligen Fall am besten beschrieben wird. Zum großen Teil hängt diese Situation damit zusammen, daß sich oft nur unzureichend abschätzen läßt, in welcher Weise und in welchem Umfang Störungen an der Verformung beteiligt sind. So ist der Verschiebungsbetrag vieler syn- und antithetischer Störungen in der Hangendscholle listrischer Abschiebungen erfahrungsgemäß vergleichsweise gering, weshalb in seismischen Profilen oft nur wenige solcher Sekundär-Störungen kartiert werden können (Abb. 89).

In Abb. 87 sind drei kleine listrische Störungen aus dem Quartär einander gegenübergestellt, bei denen das Inventar der Hangendscholle **vollständig** erfaßt wurde. Die Unterschiede in der Störungsarchitektur sind hier beträchtlich. Im ersten Beispiel (Abb. 87A) fällt vor allem die enorme Anzahl kleiner, synthetischer Abschiebungen innerhalb eines spröden Horizontes auf. Zusammen mit einigen antithetischen Ab-

90   *Architektur von Störungsnetzen*

A

B

Abb. 86 Zwei Beispiele pleistozäner listrischer Abschiebungen (Fotos von Lackfilmen).

Abb. 87 (folgende Seite) Vergleich der Strukturkartierungen dreier listrischer Störungen aus dem Pleistozän. Die Kartierungen wurden jeweils von Lackfilmen angefertigt. Abb. 86 zeigt Fotos der in B und C dokumentierten Störungen, Abb. 16C ein Foto der Störung A.

Das Inventar der Hangendscholle listrischer Abschiebungen 91

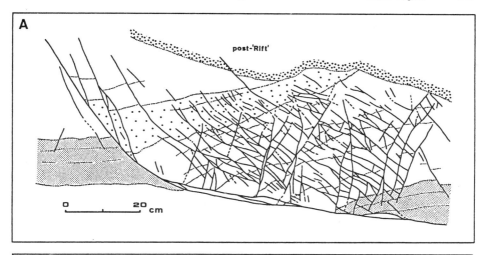

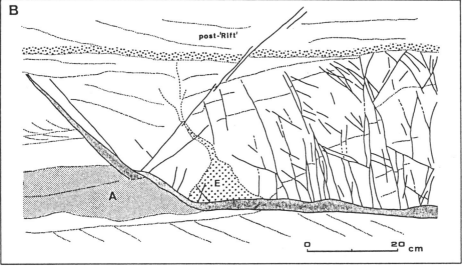

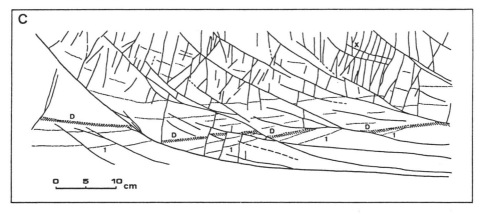

schiebungen bewirken sie insgesamt, trotz minimaler Verschiebungsweiten der einzelnen Störungen, eine erhebliche Extension der betroffenen Schicht, welche sich in einer deutlichen **Mächtigkeitsverringerung** bemerkbar macht. Diese liegt in der Größenordnung von ca. 20%, wie ein Vergleich mit der Mächtigkeit der gleichen Schicht in der Liegendscholle der listrischen Störung zeigt (Abb. 88). An der großen listrischen Abschiebung in Abb. 89 zeigt sich im Schichtintervall CU-BT das gleiche Phänomen, eine deutlich reduzierte Mächtigkeit auf der **abgesunkenen** Seite der Störung. Hierin dokumentiert sich offensichtlich eine Streckung (layer-parallel strain) innerhalb des Rollovers, die von anderen Autoren schon aus theoretischen Überlegungen postuliert und an einigen Strukturen teilweise auch nachgewiesen wurde (WERNICKE & BURCHFIEL 1982, GIBBS 1984b, BOSWORTH 1985b, GROSHONG 1989, 1990).

In dem zweiten Profil (Abb. 86A, 87B) sind im Rollover überwiegend steile Störungen vorhanden. Ursprünglich als antithetische Abschiebungen angelegt, wurden diese anschließend offensichtlich soweit mit dem Schichtverband gegen den Uhrzeigersinn **rotiert**, daß sie nun als **steile Aufschiebungen** erscheinen. Berücksichtigt man das nahezu übereinstimmende Einfallen der Schichten in den Hangendschollen der Beispiele 87A und 87B, so können mehrere Interpretationen für die unterschiedlichen Raumlagen der steilen Störungen in Betracht gezogen werden. Denkbar ist, daß deren Einfallswinkel in Abb. 87B primär größer war als in Abb. 87A (ca. 77° gegenüber ca. 55°). Möglich ist aber auch, daß die Störungen in Abb. 87A relativ gesehen etwas später, erst nach einer gewissen Verstellung der Schichten entstanden sind. Schließlich könnte die Ursache auch auf einem unterschiedlichen Mechanismus beruhen, der die Bildung der antithetischen Störungen ausgelöst hat.

Interessant an dem Beispiel in Abb. 87B ist auch eine kleine Entwässerungsstruktur (E). Sie belegt, daß innerhalb oder an der Basis des tonigen Abscherhorizontes (A) ein überhöhter Porenwasserdruck bestanden hat. Nachdem die Tonschicht weitgehend von dem sich verflachenden Störungsabschnitt durchtrennt worden war, wurde

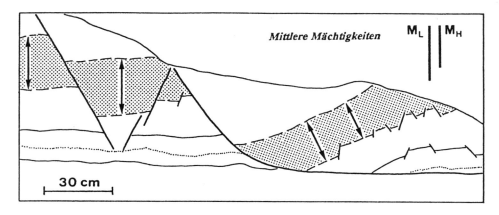

Abb. 88 Vereinfachte Strukturskizze der in Abb. 16 und 87A gezeigten listrischen Störung und ihres Hinterlandes. Die Pfeile dienen zum Vergleich der Mächtigkeiten der markierten Schicht in der Hangend- (M_H) und in der Liegendscholle (M_L) der listrischen Störung. Kleinere Störungen wurden nur in Teilstücken dargestellt, soweit sie eine Versetzung der eingetragenen Schichtgrenzen bewirken.

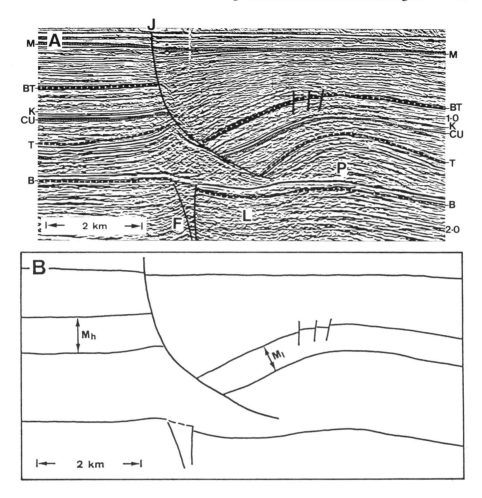

Abb. 89 (A) Eine synsedimentäre listrische Abschiebung in einem seismischen Profil aus der Nordsee (aus JENYON 1988a). Die Skizze in (B) verdeutlicht, daß die Mächtigkeit des Schichtintervalls CU-BT auf der Hangendscholle geringer ist als auf der Liegendscholle. Dagegen ist für die darüberfolgenden Tertiär-Schichten eine beträchtliche keilförmige Verdikkung zur Störung hin kennzeichnend, was deren synsedimentäre Aktivität belegt.

das Porenwasser dort offensichtlich so schnell nach oben gepreßt, daß auch Sedimentmaterial mit hochgerissen und aufgewirbelt wurde.

In dem dritten Profil (Abb. 86B, 87C) schließlich dominieren in der Hangendscholle der Hauptstörung weitere flache, sich zum Hangenden hin versteilende Abschiebungen. Die strukturelle Entwicklung ist hier dem Anschein nach in zwei Phasen vor sich gegangen, denn die Schichten unterhalb der markanten Diskordanz (D in Abb. 87C) sind deutlich stärker verstellt worden als die darüberliegenden Schichten. Auf die Bildung flacher Abschiebungen während eines ersten Deformationsprozesses folgte offensichtlich erst eine Erosions- und dann eine Sedimentationsphase. Im Anschluß daran wurde ein Großteil der schon vorhandenen flachen Störungen erneut aktiv und pflanzte sich zum Hangenden weiter fort. Im oberen Teil der Abfolge existiert auch eine stattliche Zahl kleiner antithetischer Störungen, die aber augenscheinlich einen anderen Charakter haben als die antithetischen Störungen in den beiden zuvor beschriebenen Beispielen (Abb. 87A, B). Hier terminieren sie durchweg an den flachen Abschiebungen. Nur in einem Bereich (X in Abb. 87C) ist eine minimale systematische Versetzung der steilen Störungen erkennbar. Auch da die Verschiebungsbeträge der flachen Abschiebungen noch recht gering sind, erweckt dieses Bauprinzip den Eindruck, daß der Großteil der antithetischen Störungen eher mit Scherspannungen zusammenhängt, die unter bestimmten Umständen zwischen benachbarten aktiven Störungen hervorgerufen werden (MANDL 1987; Abb. 70A), als daß sie durch den gebogenen Verlauf der flachen Gleitbahnen bedingt sind (vgl. dazu Abb. 51 und 90). Dazu kann auch die Rotation oder sogar Verbiegung beigetragen haben, welche eine flache Abschiebung erfährt, die sich im Rollover einer tieferliegenden, aktiven listrischen Abschiebung befindet (Abb. 83; ROUX 1979, SHELTON 1984, MANDL 1988; vgl. dazu Abb. 63).

Eine andere denkbare Geometrie im Rollover, die von steilen Störungen bestimmt wird, veranschaulicht Abb. 97C. Wird eine Gesteinsfolge, in der bereits steilstehende Trennflächen (bespielsweise große Klüfte) vorhanden sind, zu einer Rollover-Antiklinale verbogen, kommen die Trennflächen zunehmend in eine günstigere Lage, so daß ein Teil von ihnen reaktiviert werden kann. Diese sekundären Störungen fallen in die gleiche Richtung (synthetisch in bezug auf die listrische Störung) und ähnlich steil ein wie die rotierten antithetischen Störungen in Abb. 87B. Der Unterschied liegt aber im Bewegungssinn, der im einen Fall (Abb. 97C) abschiebend, im anderen Fall (Abb. 87B) aufschiebend ist. Im Prinzip entspricht diese Situation der rotierender paralleler Kippschollen auf einem geneigten Abscherhorizont (WERNICKE & BURCHFIEL 1982, AXEN 1988; vgl. Abb. 66E).

Verglichen mit den in Abb. 87 vorgestellten natürlichen Beispielen zeigen **Modellstudien** zur strukturellen Entwicklung in der Hangendscholle listrischer Abschiebungen, die in den letzten Jahren von K. MCCLAY und Mitarbeitern durchgeführt wurden (u.a. MCCLAY & ELLIS 1987, ELLIS & MCCLAY 1988, MCCLAY & SCOTT 1991, MCCLAY et al. 1991) in bezug auf die Störungsgeometrie durchweg einen einfacheren Baustil. Die listrische Störung wurde in diesen Sandbox-Experimenten durch einen vorgeformten Block innerhalb der Modellapparatur simuliert, über den das auf einer flexiblen Plastikfolie liegende Modellmaterial mit Hilfe einer motorgetriebenen Vorrichtung bewegt wurde. An der Oberfläche wurde dabei ständig neues Sedimentmaterial hinzugefügt, um auch die Deformation von syn-Rift-Ablagerungen untersuchen zu können. Innerhalb der Hangendscholle ließ sich in den Modellen in der Regel eine Dreiteilung feststellen. Ein zentraler Grabenbereich im Kern der Rollover-Antiklinale (crestal collapse graben) trennte eine rotierte Scholle über dem gebogenen Störungssegment von einer randlichen Scholle über dem geraden Segment, die nur eine Translation erfahren hatte (Abb. 90). Ähnliche Kollapsstrukturen sind auch von manchen Störungszonen in Deltabereichen bekannt (MERKI 1972, ELLENOR & JAMES 1984, WEBER 1987). Auch in dem Profil, das in Abb. 50 dargestellt ist, dokumentiert sich die mit der Biegung der Schichten verbundene Extension an der Außenseite des Rollovers durch kleinere Grabenstrukturen.

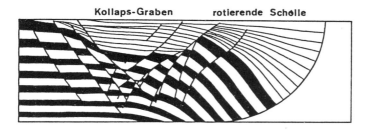

Abb. 90 Deformation der Hangendscholle einer listrischen Abschiebung im Experiment (umgezeichnet aus ELLIS & MCCLAY 1988). Die abwechselnd schwarz und weiß gezeichneten Schichten im unteren Teil stellen die prä-Rift-Folge dar, das darüber folgende Schichtpaket (weiß mit schwarzen Linien) die syn-Rift-Folge.

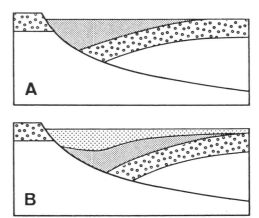

Abb. 91 Die Entwicklung einer Synklinale in der Hangendscholle einer synsedimentären listrischen Abschiebung infolge von Kompaktionsunterschieden.

In den Modellen lag der Bruchursprung der syn- und antithetischen Randstörungen des Grabens jeweils an oder nahe der ursprünglichen Sedimentoberfläche. Mit zunehmender Rotation der Schichten über der listrischen Hauptstörung breiteten sich die Sekundärstörungen kontinuierlich zum Liegenden und in der jüngeren Überdeckung dann auch zum Hangenden hin aus. Der gebogene Verlauf der synthetischen Grabenrandstörungen hängt in der prä-Rift-Sequenz mit der zunehmenden Deformation der Störungsbahnen während der Rotation, im syn-Rift-Abschnitt mit der schon beschriebenen Wechselwirkung von Rotation, Sedimentation und Bruchfortpflanzung (Abb. 40) zusammen. Die Verschiebungsverteilung der antithetischen Störungen in der prä-Rift-Sequenz ist, wie Abb. 90 erkennen läßt, genau entgegengesetzt zu der in Abb. 51 skizzierten Verschiebungsverteilung antithetischer Abschiebungen, die sich als Folge von Translationsbewegungen an einem Störungsknick entwickeln (Abb. 90). Beide Geometrien sind in der Natur möglich. Entscheidend ist letztendlich das rheologische Verhalten der Hangendscholle.

Ebenfalls modelliert wurden bei den Experimenten Abscherbahnen, die eine lokale Versteilung aufwiesen (ramp/flat geometry). In diesem Fall entstanden in der Hangendscholle zwei isolierte Antiklinalen. Dazwischen, in dem Bereich oberhalb der

Rampe, bildete sich eine Synklinale, deren Ausdehnung von der genauen Geometrie der Rampe kontrolliert wurde. Während sich bei Versuchen mit reinem Sand als Modellmaterial über der Rampe häufig auch einige Aufschiebungen entwickelten (Abb. 58), wurden diese bei Sand/Glimmer-Wechsellagerungen meist unterdrückt, offensichtlich aufgrund der verbesserten Gleitfähigkeit entlang der einzelnen Schichtgrenzen. ROURE et al. (1992) berichten ferner über Experimente, bei denen das Reibungsverhalten auf dem Rampensegment variiert wurde. Im Fall einer vollständigen Entkopplung traten dort wie bei der Londoner Arbeitsgruppe kleinere Aufschiebungen auf. Hingegen entwickelten sich bei einem größeren Reibungswiderstand auf der Rampe parallele, beckenwärts einfallende Abschiebungen.

In der Natur wird wahrscheinlich öfter auch mit Rampen in der Abscherbahn zu rechnen sein, die schiefwinklig zum steilen Störungsabschnitt streichen (oblique ramps). Ihre Ursachen können sedimentärer Art (seitliche Fazieswechsel) aber auch struktureller Art sein (z.B. Vertikalversatz des Abscherhorizontes durch eine ältere Störung). Es ist klar, daß oberhalb dieser Rampen Falten und Störungen entstehen, die in ihrer Orientierung vom Trend im Umfeld merklich abweichen (GIBBS 1990). Allerdings sind die genauen Zusammenhänge in diesem Punkt noch wenig erforscht.

Große listrische Abschiebungen in Deltabereichen, die über längere Zeiträume während der Sedimentation aktiv bleiben, sind meist durch eine Mächtigkeitszunahme der Sedimentschichten von der Rollover-Flanke zum Hauptbruch gekennzeichnet (Abb. 91a, 89). In solchen **Sedimentkeilen** können sich mit zunehmender Versenkung allein infolge **differentieller Kompaktion** flache **Synklinalen** (hangingwall synclines) bilden (Abb. 91B; ROLL 1974, GIBBS 1983, WHITE et al. 1986). Gerade in Deltas besteht ferner auch die Möglichkeit, daß Sedimente auf der Rollover-Flanke ins Rutschen geraten und in Richtung auf die Hauptstörung gleiten, sofern geeignete Abscherbahnen vorhanden sind (PRICE & COSGROVE 1991, HIGGS et al. 1991).

5.7 Transferzonen

Unter **Transfer-** oder auch **Akkomodationszonen** (transfer zone, accomodation zone) werden hier Bereiche verstanden, in denen eine Verschiebung von einer Störung oder Störungszone in irgendeiner Weise auf eine benachbarte andere **übertragen** wird. Geprägt wurde dieser Begriff ursprünglich in Falten- und Überschiebungsgürteln (DAHLSTROM 1970), inzwischen wird er auch in Extensionsbereichen verwendet (BALLY 1982, GIBBS 1984a, BOSWORTH 1985a, ETHERIDGE et al. 1985, CHADWICK 1986, LISTER et al. 1986, ROSENDAHL et al. 1986, ROSENDAHL 1987, MILANI & DAVISON 1988, EBINGER 1989a, COFFIELD & SCHAMEL 1989, SCOTT & ROSENDAHL 1989, MORLEY et al. 1990, STOCK & HODGES 1990, MOUSTAFA & ABD-ALLAH 1992).

Unter die allgemeine Definition fallen unterschiedliche Arten von Strukturen, für die in der Literatur teilweise noch andere Bezeichnungen existieren. Die einfachste Form einer Transferzone liegt zwischen parallelen, en echelon gestaffelten Abschiebungen vor, die sich etwas **überlappen** (Abb. 92). Aufgrund der Neigung der Schichten in dem dazwischenliegenden Bereich hat dieser die Funktion einer **seitlichen Rampe** (lateral ramp), durch die zunächst eine Verbindung zwischen Hangend- und Liegendscholle aufrechterhalten wird (relay structure: LARSEN 1988). Mit fortschreitender Extension kann die Rampe durch **quer** verlaufende Störungen (tear

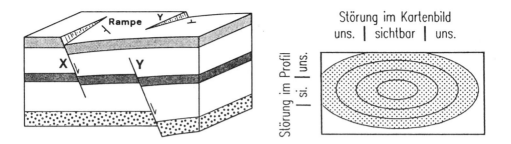

Abb. 92 Struktur im Bereich einer seitlichen Rampe zwischen zwei en echelon gestaffelten Abschiebungen (modifiziert nach PEACOCK & SANDERSON 1991). Die Skizze rechts erklärt, warum die Störung Y im vorderen Bereich der obersten Schicht nicht auftritt.

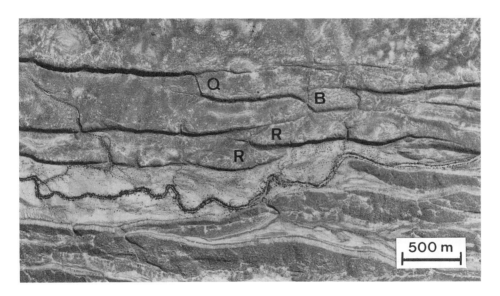

Abb. 93 Luftbildausschnitt aus der zentralen Afar (Äthiopien) (aus KALBITZ 1988). R markiert Rampen zwischen sich überlappenden Abschiebungen, Q eine Querstörung innerhalb einer Rampe, B das Einbiegen einer Abschiebung zu einer anderen.

faults, cross faults) in Teilschollen zerlegt werden, wie es ein Luftbildausschnitt aus der zentralen Afar zeigt (Q in Abb. 93). GRIFFITH (1980) beobachtete in einer vergleichbaren Rampensituation ein regelrechtes Mosaik unterschiedlich hoch liegender Schollen ('box-fault system'). Die weitere Bewegung an solchen Querstörungen, die dann die Funktion von **Transferstörungen** (transfer faults) übernehmen, hat auch eine horizontale Komponente. Schräg verlaufende Bewegungsspuren auf den betroffenen Störungsflächen sind die Folge (oblique-slip faults, Abb. 95). Auch wenn eine

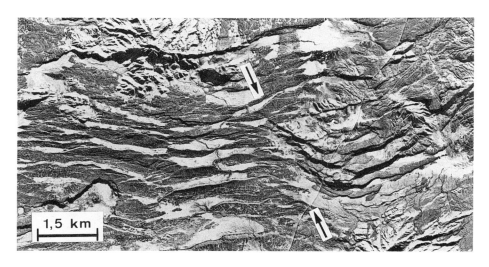

Abb. 94 Luftbildausschnitt aus der zentralen Afar (Äthiopien) (aus KRONBERG 1991). Die Pfeile markieren den Übergang (Transferzone) zwischen zwei Bereichen mit entgegengesetztem Störungseinfallen. Die Schollen sind dominoartig rotiert.

Abschiebung am Ende mit einer starken **Krümmung** zu einer parallelen Abschiebung hin einbiegt, bekommt dieser Endbereich im späteren Verformungsablauf einen Transfercharakter (B in Abb. 93). Beispiele dieser Art beschreiben MORLEY et al. 1990 und COLLETTA et al. 1988.

Besonders in den ostafrikanischen Riftsystemen wurde wiederholt beobachtet, daß im Streichen einer Riftzone Teilbereiche mit **entgegengesetztem Einfallen** der Hauptabschiebungen unmittelbar aneinander anschließen, was allgemein als **Riftasymmetrie** bezeichnet wird (BOSWORTH 1985, 1987, ROSENDAHL et al. 1986, ROSENDAHL 1987, DUNKELMAN et al. 1988, MORLEY 1988, EBINGER 1989). Der Übergangsbereich zwischen beiden Domänen wird in der Literatur ebenfalls als Transferzone angesprochen. Ein schönes Beispiel einer solchen Riftasymmetrie zeigt der Luftbildausschnitt aus der Afar in Abb. 94. Die Transferzone ist hier durch eine deutliche Richtungsänderung, d.h. ein **Einbiegen** der Störungen in die Zone gekennzeichnet. SERRA & NELSON (1988) beschreiben Experimente, in denen eine derartige Riftasymmetrie mittels einer von E. CLOOS (1968) entwickelten Technik modelliert wurde. Bei diesem Verfahren wird ein Tonkuchen auf zwei Platten gelegt, die sich etwas überlappen. Werden die Platten auseinandergezogen, entwickeln sich in dem Modellmaterial genau dort Halbgräben, wo durch die Plattenbewegung im Untergrund neue Oberfläche geschaffen wird. SERRA & NELSON (1988) ordneten zwei solcher Platteneinheiten in der Weise nebeneinander an, daß im Ton zwei in einer Linie verlaufende, aber entgegengesetzt einfallende Halbgräben entstanden. Über der seitlichen Trennfläche zwischen den beiden Platteneinheiten, die eine Ausgleichsbewegung senkrecht zu den Riftstrukturen ermöglichte und damit praktisch die Funktion einer Blattverschiebung im Untergrund hatte, war in dem Modellmaterial eine klare Richtungsänderung, ein nahezu S-förmiger Verlauf der Störungen zu beobachten.

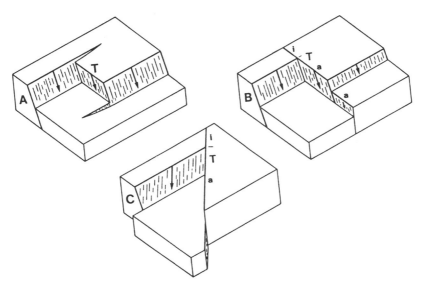

Abb. 95 Einige prinzipielle Formen von Transferstörungen. In (A) ist eine Querstörung dargestellt, die in einer Rampe zwischen zwei parallelen Abschiebungen entstanden ist. (B) und (C) zeigen die Reaktivierung von Teilstücken größerer präexistenter Trennflächen, die senkrecht (B) bzw. diagonal (C) zur Riftzone verlaufen. T: Transfer-Störung, a: aktiver, i: inaktiver Störungsabschnitt.

Ob sich dieses Modell allerdings auf die in Abb. 94 erkennbare Situation übertragen läßt, erscheint fraglich, da andere Hinweise auf eine mögliche Aktivität von Blattverschiebungen in diesem Bereich der Afar weitestgehend fehlen (mündl. Mitteilung P. KRONBERG).

Eine weitere Möglichkeit, um eine Verbindung zwischen Abschiebungen mit gegensätzlichem Einfallen oder mit unterschiedlichen Bewegungsraten herzustellen, bieten **ältere** (präexistente) Störungen, die während des Extensionsvorganges vollständig oder in Teilbereichen **reaktiviert** werden (Abb. 95, 96; COLLETTA et al. 1988, COFFIELD & SCHAMEL 1989, MORLEY et al. 1990). Im einfachsten Fall kann es sich dabei um bankrechte Klüfte, genauso aber auch um komplexe Blattverschiebungszonen handeln. Schon aus geometrischen Gründen werden dazu vorzugsweise steilstehende Störungen verwendet, die möglichst senkrecht zur Riftzone streichen. Nur in diesem Fall verläuft die Bewegung auf den Abschiebungen genau in deren Einfallsrichtung (Abb. 95B). Wenn ältere diagonale Störungen in die Verschiebungen einbezogen werden, wird die Bewegung auf den (primären) Abschiebungsflächen zwangsläufig zu einer **Schrägabschiebung,** sofern es nicht gleichzeitig zu einer größeren internen Deformation der Grabenschollen kommt (Abb. 95C). Solche Bewegungsabläufe können sich auch im fortgeschrittenen Stadium eines Extensionsvorganges oder während einer späteren Deformationsphase ergeben, wenn sich zwischenzeitlich die regionale Extensionsrichtung geändert hat.

Bei einem Zusammenspiel steiler Transfer-Störungen mit listrischen Abschiebungen, die nach unten in einen annähernd horizontalen Abscherhorizont einbiegen,

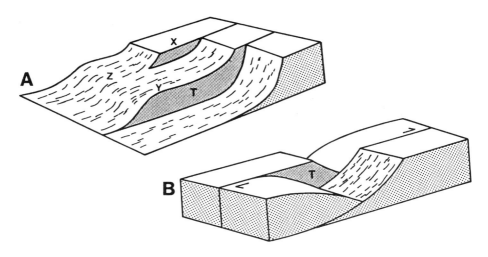

Abb. 96 Transfer-Phänomene in Verbindung mit listrischen Störungen (nach GIBBS 1990). (A) Wechsel in der Geometrie der Abscherbahnen an Transfer-Störungen. (B) Polaritätswechsel an einer Transfer-Störung (T).

kann sich der gesamte **strukturelle Bauplan** an einer Transfer-Störung unvermittelt **ändern**, wie es aus dem Kompressionsbereich (Falten- und Überschiebungsgürtel) bereits seit längerem bekannt ist. Bedingt durch eine unterschiedliche Position des steilen Segmentes einer Abscherbahn können die Schichten auf der einen Seite einer Transfer-Störung zu einer Rollover-Antiklinale verbogen sein und von zahlreichen Sekundärstörungen durchtrennt werden, während sie auf der anderen Seite nach wie vor flach lagern (Abschnitt X in Abb. 96A). Sind mehrere Abscherhorizonte vorhanden, ist es unter Umständen möglich, daß sich Rampen nur auf einer Seite der Transfer-Störung bilden (vgl. Abb. 58). Während sich dort dann in der Gleitscholle Synklinalen entwickeln, wird auf der anderen Seite der Transfer-Störung möglicherweise zugleich ein großer Rollover angelegt (Abschnitt Y in Abb. 96A). Kontraste im Bauplan der Hangendscholle können selbst an durchgehenden Rampen noch verstärkt werden, wenn benachbarte, unterschiedlich verformte Teile der Hangendscholle die Rampe gleichzeitig passieren (Abschnitt Z in Abb. 96A). Wenn ein Abscherhorizont eine flache Antiklinale bildet, ist in deren Kernbereich auch ein **Polaritätswechsel** an der Transfer-Störung denkbar, indem die listrischen Störungen auf den gegenüberliegenden Seiten in entgegengesetzte Richtung einfallen (Abb. 96B). Eine Transfer-Störung kann auch zu einer Verformung im Randbereich der ableitenden Scholle beitragen, sofern deren Transportrichtung nicht genau mit dem Streichen der Transfer-Störung übereinstimmt. Hat die Bewegung divergierenden Charakter, werden sich nahe der Transfer-Störung Extensionsformen bilden, ist sie konvergierend, können dort auch Kompressionsphänomene auftreten. Schließlich sei noch darauf hingewiesen, daß die Orientierung der Bewegungsspuren, die die Hangendscholle einer listrischen Abschiebung auf einer Transfer-Störung eventuell hinterläßt, von schrägabschiebend im Rollover-Bereich zu rein blattverschiebend im weiteren Vorfeld wechselt (vgl. Abb. 101).

Transferzonen der größten Art stellen die ozeanischen **Transformstörungen** (transform faults) dar, die teilweise weit auseinander gelegene Riftsegmente oder -gürtel miteinander verbinden. Ihre Entstehung, speziell die Frage, ob sie aus kontinentalen Transferstörungen hervorgehen, wird noch kontrovers diskutiert (z.B. BOSWORTH 1986, LISTER et al. 1986b). Die derzeit verfügbaren Daten erlauben hier offensichtlich noch keine eindeutigen Schlußfolgerungen. Über die Bruchentwicklung in der Übergangszone zwischen seitlich versetzten kontinentalen Rifts (z.B. Rhein-Bresse-Grabensystem), das mögliche Vorstadium der Entstehung großer Transformstörungen, liegt inzwischen ebenfalls eine Reihe experimenteller Arbeiten vor (COURTILLOT et al. 1974, ELMOHANDES 1981, FAUGERE et al. 1986, MANDL 1988). Ähnlich wie bei den oben erwähnten Experimenten von SERRA & NELSON (1988) wurden dabei Gräben durch auseinanderweichende Platten, Bruchstrukturen in der Transformzone durch eine vorgegebene Seitenverschiebung in der Modellapparatur erzeugt. Ein charakteristisches Merkmal der Störungsnetze, die bei diesen Versuchen im Modellmaterial entstanden, war das Einbiegen der Grabenstörungen im Übergangsbereich von einem Rift zur Transformzone. Dieser Störungsverlauf resultierte offensichtlich aus dem Zusammenwachsen der Abschiebungen mit kleineren Blattverschiebungen (Riedel shears, vgl. dazu NAYLOR et al. 1986), die in der Transformzone spitzwinklig zur vorgegebenen Seitenverschiebung gebildet wurden.

5.8 Reaktivierung bankrechter Klüfte

Selbst in flachlagernden, tektonisch weitgehend undeformierten Schichten existieren fast immer in großer Zahl bankrechte (d.h. senkrecht zur Schichtung verlaufende) Klüfte (MEIER & KRONBERG 1989). Auch wenn die Ursachen dieser Klüftung vielfach unklar sind, bei nachfolgenden Deformationsprozessen können die Klüfte als mechanische Diskontinuitäten eine erhebliche, sicher oftmals unterschätzte Bedeutung erlangen. In Abb. 97B ist die einfachste Form der Reaktivierung bankrechter Klüfte unter Extensionsbedingungen dargestellt, das **differentielle Absinken** spröder Gesteinsschollen entlang steilstehender Bruchzonen als Reaktion auf irgendeine Form der Materialabwanderung (Fließbewegungen duktilen Materials, Auslaugungsprozesse) an der Schollenbasis, Abb. 98 zeigt ein Aufschlußbeispiel dazu. Es ist keineswegs erforderlich, daß in dem spröden Material schon von Anfang an große, durchgehende Klüfte existieren, an denen sich dann die Verschiebung abspielt. Genausogut können auch kleinere, dicht benachbarte Klüfte zu einer zusammenhängenden Bruchzone zusammenwachsen (Abb. 97B). Ebensolche Verhältnisse stellten MCGILL & STROMQUIST (1979) an einem hervorragend aufgeschlossenen Grabensystem im Canyonlands Nationalpark (Utah) fest. Denkbar ist, daß solche Reaktivierungsvorgänge auch für die außergewöhnlich steilen Extensionsstörungen zumindest mitverantwortlich sind, die sich selbst in manchen seismischen Profilen aus dem sedimentären Deckgebirge kartieren lassen. Abb. 99 zeigt einen derartigen Fall von einer flachen Salzschwelle aus der südlichen Nordsee.
Wenn unterschiedlich tief abgesenkte Schollen anschließend gemeinsam rotiert werden, wird sich der Bewegungssinn an manchen Randstörungen scheinbar umkehren, so daß diese für steile Aufschiebungen gehalten werden könnten (Abb. 100). Eine analoge Situation in weitaus größerem Maßstab zeigt ein Profil aus der Nordsee von PARSLEY (1984: Fig. 10.16). In kleinerem Umfang sind Vertikalbewegungen an

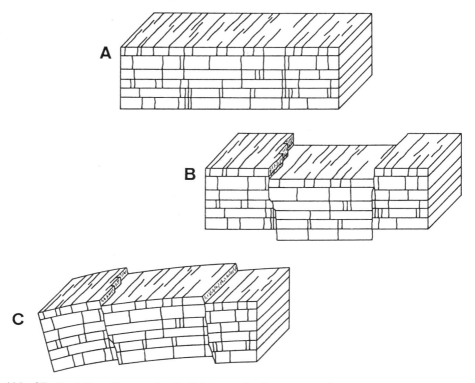

Abb. 97 Zwei Grundformen der Reaktivierung bankrechter Klüfte (Prinzipskizze). (A) Ausgangssituation, (B) einfaches Absinken einer Gesteinsscholle, (C) Reaktivierung im Zusammenhang mit einer Verbiegung der durchtrennten Schichten.

vormaligen Klüften auch möglich, wenn eine bankrecht geklüftete Hangendscholle über eine unregelmäßig verlaufende Störungsfläche gleitet. An den Knickpunkten können dann differentielle Verschiebungen einsetzen, bei denen jeweils die über dem tieferliegenden Störungsabschnitt befindliche Teilscholle gegenüber der angrenzenden abgesenkt wird (dieser Mechanismus wird anschaulich, wenn man die antithetischen Störungen in Abb. 51 und 57 durch eine steile Trennfläche ersetzt).

Ohne duktile Schichten im Untergrund sind günstige Bedingungen für eine Reaktivierung bankrechter Klüfte überall dort gegeben, wo die Klüfte im Zuge einer **Verstellung der Schichten** in eine flachere Lage rotiert werden, vorausgesetzt, daß in dem betreffenden Bereich gleichzeitig Extensionsbedingungen herrschen (Abb. 97C). Mechanisch gesehen wird es dann oftmals einfacher sein, diese bereits vorhandenen Trennflächen in Bewegungsbahnen umzugestalten als im noch intakten Gestein neue Störungen anzulegen. In der Praxis werden die beiden Vorgänge, Verstellung der Schichten und Verschiebung entlang der Trennflächen, wahrscheinlich in vielen Fällen synchron ablaufen (Domino-Prinzip, Abschn. 5.3). Der Extensionsbetrag, der auf diese Weise erreicht wird, ist um ein Vielfaches größer als bei der zuerst beschriebenen Form der Reaktivierung.

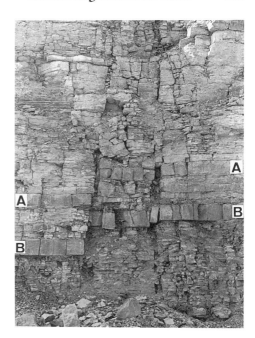

Abb. 98 Steilstehende Störungszone, die aus einer Reaktivierung bankrechter Klüfte hervorgegangen ist. Oberer Muschelkalk, Niederntalle (aus MEIER & KRONBERG 1989).

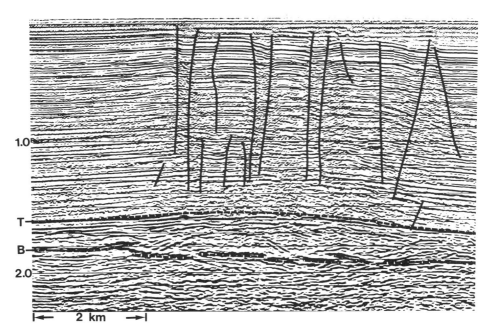

Abb. 99 Steile Störungen über einer Salzschwelle in einem seismischen Profil aus der Nordsee (aus JENYON 1988a).

Architektur von Störungsnetzen

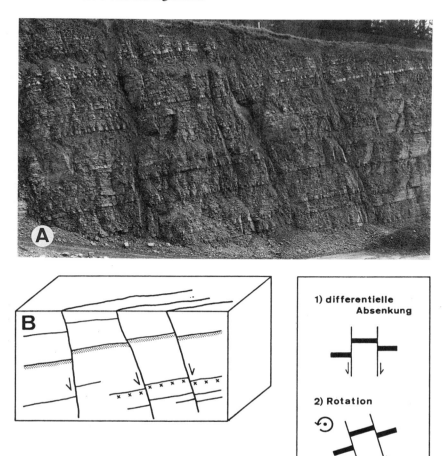

Abb. 100 (A) Rotierte, ehemals steilstehende Extensionsstörungen in der Flanke einer flachen Antiklinale (vgl. Abb. 98). Oberer Muschelkalk, Niederntalle. Die Störungen verlaufen spitzwinklig zur Aufschlußwand. (B) Leicht schematisierte Skizze zur Verdeutlichung der an der Aufschlußwand erkennbaren Situation. (C) Entwicklung der Störungsgeometrie.

Bankrechte Klüfte können während eines Extensionsvorganges aber nicht nur zu reinen Abschiebungen umgeformt werden. Reaktivierte Klüfte, die eine einzelne Abschiebung seitlich begrenzen, als Transferstörung zwischen benachbarten Abschiebungen vermitteln oder Ausgleichsbewegungen innerhalb einer absinkenden Hangendscholle ermöglichen, tragen meist **schräg** verlaufende Bewegungsspuren (Abb. 101A). Differentielle Verschiebungen in einer auf einem flachen Abscherhorizont gleitenden Scholle können bereichsweise sogar nahezu **horizontale** Striemungen auf ehemaligen Klüften verursachen (Abb. 101B).

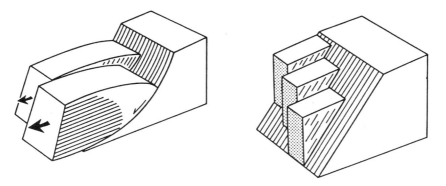

Abb. 101 Orientierung von Bewegungsspuren auf reaktivierten steilen Trennflächen in der Hangendscholle einer Abschiebung in Abhängigkeit von derem Einfallen (nach LAUBACH & MARSHAK 1987).

5.9 Einige Formen von Abschiebungsnetzen im Kartenbild

Wie sich Abschiebungen innerhalb eines kleineren oder größeren Gebietes, das zeitweilig von einem Extensionsvorgang betroffenen ist, im Kartenbild anordnen, richtet sich in erster Linie nach der Art des Spannungsfeld, welches dort während der Entwicklung der Störungen existiert. Wenn der Extensionsprozeß so abläuft, daß die Horizontalspannung nur in einer einzelnen Richtung reduziert wird und die Hauptspannungsachsen im gesamten Gebiet einheitlich orientiert bleiben, werden sich vorwiegend **parallele** Abschiebungen bilden (Abb. 102A). Nur lokal, beispielsweise im Überlappungsbereich dicht benachbarter Abschiebungen (Abb. 93) oder in stärker rotierten Teilschollen, ist dann mit einem markanteren Wechsel im Störungsverlauf und mit kleineren diagonalen oder quer gerichteten Störungen zu rechnen. Solche Verhältnisse finden sich vor allem in den langgestreckten kontinentalen Riftzonen (u.a. ROSENDAHL et al. 1986, ROSENDAHL 1987, DUNKELMAN et al. 1988, KRONBERG 1991). Verschiedene Segmente eines Riftgürtels können natürlich durch unterschiedliche Extensionsrichtungen und damit durch unterschiedliche Streichrichtungen der vorherrschenden Störungen gekennzeichnet sein (vgl. z.B. KRONBERG 1991: Fig. 12).

Wenn in einem Gebiet Abschiebungen mehrerer Richtungen vorhanden sind, wird deren Ursache häufig in mehrphasigen Deformationen gesehen. Aber nicht immer muß diese Annahme zutreffen. Falls eine Gesteinsfolge während eines Extensionsvorganges nicht nur in einer Richtung gedehnt wird, wird neben der kleinsten Hauptspannung σ_3 auch die mittlere Hauptspannung σ_2 vermindert, so daß zwischen beiden betragsmäßig kein großer Unterschied bestehen bleibt. Die **Orientierung** dieser Hauptspannungen kann unter diesen Bedingungen selbst innerhalb eines kleineren Gebietes beträchtlich variieren. In einem solchen **inhomogenen** Spannungsfeld können Abschiebungen verschiedener Richtungen mehr oder minder gleichzeitig nebeneinander angelegt werden (MANDL 1988). Charakteristisch ist dann, daß diese Störungen wechselweise aneinander terminieren (Abb. 102B, C). Selbst komplexe Netzwerke können so entstehen mit Abschiebungen, die auch im Streichen stärker gebo-

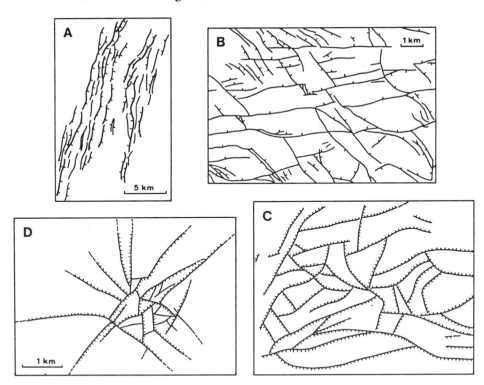

Abb. 102 Einige Formen von Abschiebungsnetzen. Umgezeichnet nach KRONBERG 1991 (A), HILLS 1966 (B), HOPPE et al. 1985 (C) und SCHMITZ & FLIXEDER 1993 (D).

gen verlaufen, wie es die Karte in Abb. 102C zeigt. Gerade in solchen Fällen können auch Anisotropien im Gestein maßgeblichen Einfluß auf den Störungsverlauf haben. Beispiele, in denen verschiedene Scharen von Abschiebungen in einem begrenzten Gebiet gemeinsam aktiv waren, beschreiben u.a. HILLS (1966), JAROSZEWSKI (1984), HARDING (1984), TIBALDI (1989) und COWARD et al. (1991).

Ein charakteristisches Netz von Abschiebungen im Deckgebirge eines im Grundriß etwa kreisförmigen Salzstockes zeigt schließlich Abb. 102D. Die Störungen ordnen sich an den Flanken des Diapirs näherungsweise radial an und vergittern sich im Zentrum des Gewölbes, wie es theoretische Überlegungen und Ergebnisse experimenteller Untersuchungen für eine derartige Aufdomung nahelegen (PARKER & MCDOWELL 1955, WITHJACK & SCHEINER 1982, MANDL 1988). Das Störungsmuster wurde in dieser Situation offensichtlich allein durch den Salzaufstieg und den daraus resultierenden tangentialen Verlauf der kleinsten Hauptspannung σ_3 in bezug auf die Gewölbestruktur geprägt, ohne daß ein regionales Spannungsfeld (Kompression, Extension) größeren Einfluß auf die Bruchentwicklung gehabt hätte. Wie aus Experimenten bekannt ist, bewirken solche Spannungsfelder je nach Intensität, daß sich die Störungen zunehmend senkrecht bzw. parallel zur regionalen σ_3-Achse ausrichten (WITHJACK & SCHEINER 1982).

5.10 Schnitteffekte

Wenn die strukturellen Verhältnisse in einem neu untersuchten Gebiet näher analysiert und beschrieben werden sollen, so sind die verfügbaren Profilschnitte (geologische oder auch seismische Profile) meist die wichtigsten Arbeitsmittel. Profile durch gestörte Schichtfolgen vermitteln infolge von **Schnitteffekten** allerdings nicht selten einen Eindruck, der der tatsächlichen Situation nur bedingt entspricht. Im Profil werden geologische Gegebenheiten nur dann wirklichkeitsgetreu wiedergegeben, wenn die Profilrichtung senkrecht zum Streichen der erfaßten Flächenelemente verläuft. Je mehr die Profilrichtung davon abweicht, desto **geringer** wird das scheinbare Einfallen der betroffenen Strukturen im Profil (Abb. 103). Quantitativ wird der Zusammenhang zwischen dem **wahren Einfallswinkel** α, dem **Profilwinkel** β und dem **scheinbaren Einfallswinkel** γ durch eine einfache Gleichung beschrieben (Ableitung in FLICK et al. 1972):

$$\tan \gamma = \tan \alpha \cdot \sin \beta.$$

Sofern zwei der Winkel bekannt sind, kann die Gleichung nach der jeweils fehlenden dritten Größe aufgelöst werden. In der Praxis erfolgt die Bestimmung meist mit Hilfe von Diagrammen, aus denen der gesuchte Wert auf einfache Weise graphisch ermittelt wird (FLICK et al. 1972).

In gestörten Gebieten treten unvermeidlich immer dann merkliche Schnitteffekte in den Profilen auf, wenn die vorhandenen Störungen im Streichen stärker voneinander abweichen oder wenn der Winkel zwischen dem Streichen der Störungen und dem Streichen der Schichten einen größeren Betrag annimmt. Schnitteffekte ergeben sich auch im Fall von Schollenrotationen in einer gestörten Schichtfolge, wenn die Profilebene nicht genau senkrecht zu der (ehemaligen) Drehachse gerichtet ist. In Abb. 104 wird eine solche Situation exemplarisch betrachtet. Dargestellt ist eine steilstehende Störung, an der die angrenzende westliche Scholle um 30° gegen den Uhrzeigersinn rotiert wurde. Berücksichtigt wurden dabei verschiedene Ausgangssituationen mit unterschiedlichen Raumlagen der Schichten. Den Blockbildern, die die tatsächlichen Verhältnisse dokumentieren, sind jeweils Profile gegenübergestellt, die sich bei einem Schnitt senkrecht zur Störung in Höhe der Pfeilmarkierung ergeben würden. Wenn die Profilrichtung, wie in den Beispielen A, B und C, im Streichen

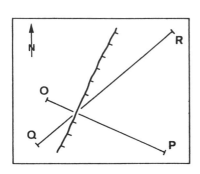 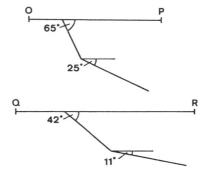

Abb. 103 Wahres und scheinbares Einfallen von Störungen im Profil.

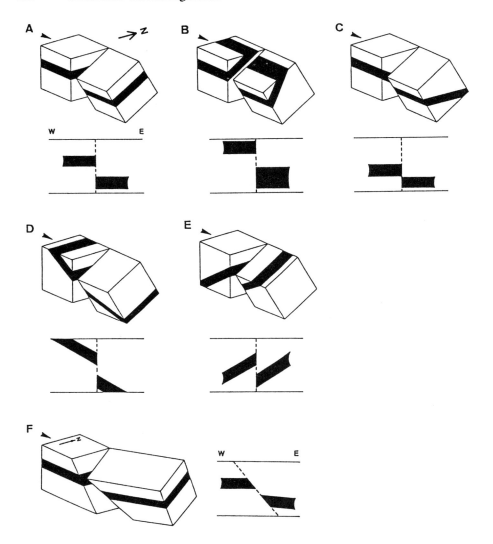

Abb. 104 Schnitteffekte bei einer Schollenrotation.

der Schichten verläuft, scheinen diese im Profil horizontal zu liegen (scheinbares Einfallen 0°). Bemerkbar macht sich die Schollenrotation jedoch daran, daß sich die **scheinbaren Mächtigkeiten** der Schichten auf beiden Seiten der Störung unterscheiden. Schon in den Fällen A und C ergibt sich eine beachtliche Differenz von ca. 15%. Unübersehbar ist der Unterschied aber vor allem im Fall B. Ohne zusätzliche Kenntnisse könnte dieses Profil leicht auch zu einer ganz anderen Interpretation führen, in der von einer synsedimentär aktiven Abschiebung ausgegangen würde.

In den beiden westlichen Schollen der Beispiele D und E streichen Störung und Schichtung übereinstimmend senkrecht zur Profillinie, so daß sich durch die Profile unmittelbar ein Bild der tatsächlichen Situation in diesen Bereichen machen läßt. In den östlichen Schollen weisen die Schichten als Folge der Schollenrotation real ein um ca. 11° steileres Einfallen auf, das jedoch im Profil kaum zum Ausdruck kommt. Die Ursache liegt in der gleichzeitigen Änderung des Schichtstreichens in den östlichen Schollen, weshalb sich der Profilwinkel dort von 90° auf ca. 50° reduziert. Das Resultat ist die Verminderung des Schichteinfallens auf den dargestellten scheinbaren Wert, der nur wenig vom wahren Einfallen in den westlichen Schollen abweicht.

Noch komplexer werden die Auswirkungen, wenn die Schollenrotation auf einer geneigten Störungsfläche stattfindet. Im Unterschied zu steilen Störungen, bei denen das Schichtstreichen innerhalb beider Schollen in gewissen Situationen auch nach der Drehung noch übereinstimmt (Abb. 104B, C), weichen im Fall geneigter Störungen sowohl Streichen als auch Einfallen in Liegend- und Hangendscholle generell voneinander ab. Dementsprechend sind dann im Profil meist deutlichere Unterschiede im scheinbaren Einfallen vorhanden (Abb. 104F). Die Schichtlage in der rotierten Scholle ändert sich bei der Rotation um so stärker, desto geringer das Einfallen der Störung ist.

6 Reaktivierung von Abschiebungen unter Kompressionsbedingungen

In regionalen seismischen Profilen werden seit Beginn der achtziger Jahre immer häufiger auch Beckenbereiche identifiziert, in denen auf eine Phase der Absenkung und Extension, dokumentiert durch bedeutsame Abschiebungen, offensichtlich eine Heraushebung der Beckenablagerungen (uplift) folgte, verbunden mit einer Bewegungsumkehr an ursprünglichen Abschiebungen. Seit der Publikation von GLENNIE & BOEGNER 1981 wird dieser Vorgang allgemein mit dem Begriff **Inversion** (inversion) umschrieben. Dessen genaue Abgrenzung gegen andere Deformationsprozesse und Baustile ist allerdings noch umstritten (vgl. COOPER et al. 1989).

Relativ zu anderen Störungsphänomenen steht die Erforschung von Inversionsstrukturen noch am Anfang. Daß die vorhandenen Abschiebungen erheblichen Einfluß auf die spätere Geometrie des gesamten Störungsnetzes innerhalb eines invertierten Bereiches haben, ist unbestritten. Wie solche Inversionsvorgänge aber im einzelnen ablaufen, wird erst seit kurzer Zeit näher untersucht. An dieser Stelle können nur einige grundlegende Phänomene kurz umrissen werden. Ein breites Spektrum weiterer Beispiele und ausführlicher Diskussionen finden sich in BALLY 1984, BALDSCHUHN et al. 1985, HARDING 1985, GILLCRIST et al. 1987, KOOPMAN et al. 1987, VAN HOORN 1987a und 1987b, VAN WIJHE 1987, ZIEGLER 1987, BIDDLE & RUDOLPH 1988, COLLIER 1989, COOPER & WILLIAMS 1989, POWELL 1989, LETOUZEY 1990, CHAPMAN & MENEILLY 1991, COWARD et al. 1991, HAYWARD & GRAHAM 1991, MCCLAY & BUCHANAN 1991.

Invertierte Bereiche sind durchweg dadurch gekennzeichnet, daß ein Teil der vorhandenen Abschiebungen mit aufschiebendem oder schrägaufschiebendem Charakter reaktiviert wurde. Die Ursache der Reaktivierung liegt in diesem Fall in einer Änderung des **regionalen** Streßfeldes, in dem Wechsel von Extensionsbedingungen (σ_1 vertikal) zu einer seitlichen Kompression (σ_1 annähernd horizontal). Es sei daran erinnert, daß auch in einem Bereich, der regional gesehen eine reine Extension erfahren hat, lokal durchaus Strukturen auftreten können, die als Anzeichen für eine seitliche Kompression interpretiert werden könnten (vgl. auch BRUMBAUGH 1984, NARUK et al. 1986). Daher gilt es gerade bei Geländearbeiten, bei denen nur kleine Ausschnitte eines Störungsnetzes erfaßt werden, genau zu prüfen, ob Störungen mit Aufschiebungscharakter innerhalb eines von Extensionsstrukturen geprägten Areals immer gleich als Anzeichen für einen Inversionsvorgang, d.h. für eine grundlegende zeitliche Änderung des regionalen Streßfeldes interpretiert werden müssen.

Abb. 105 zeigt ein typisches Beispiel von Störungen in flachliegenden Sedimenten, die wegen ihres steilen Einfallens auf den ersten Blick normalerweise als Abschiebungen angesprochen werden. Jedoch ist bei genauerer Betrachtung zu erkennen, daß die keilförmige Liegendscholle in der Bildmitte **tiefer** liegt als die zugehörigen Hangendschollen. Zudem dokumentiert der Ausschnitt an einer der beiden Zweigstörungen, in die sich die linke Störung im unteren Bildbereich aufspaltet, deutliche Schleppungserscheinungen, die durch eine aufschiebende Bewegung verursacht wor-

Abb. 105 Störungen im oberen Muschelkalk, die höchstwahrscheinlich invertierte Abschiebungen darstellen, Übersicht und Ausschnitt; Darmsheim (Aufnahmen J. THEISSEN). Die unterschiedliche Höhenlage der einzelnen Schollen zeigt sich am deutlichsten an einer etwas dunkleren Kalkbank, die durch kurze weiße Striche gekennzeichnet wurde. Die im Bildausschnitt eingezeichneten weißen Linien markieren den gleichen Horizont. Der Pfeil deutet hier auf einen Hammer.

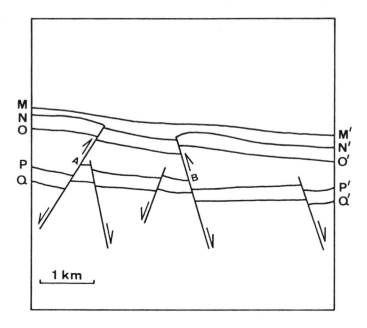

Abb. 106 Inversion von Abschiebungen. Die Reaktivierung erfolgte zwischen der Ablagerung der Horizonte MM' und NN'. Strukturkartierung eines seismischen Profils (umgezeichnet nach BADLEY 1985).

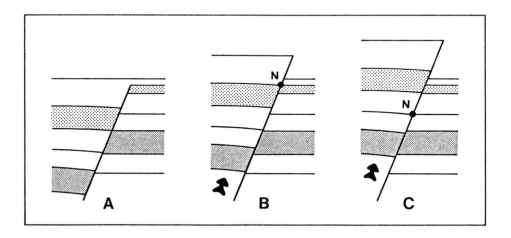

Abb. 107 Veränderung der Verschiebungsbeträge an einer Abschiebung infolge von Inversionsbewegungen (Prinzipskizze). (A) Ausgangssituation, (B) und (C) Situation nach zwei Reaktivierungsinkrementen.

den sind. Die andere, etwas steilere Zweigabschiebung hat nach wie vor abschiebenden Charakter. Aus mechanischer Sicht sind Aufschiebungen entlang so steiler Bruchflächen keineswegs so einfach zu bewerkstelligen (SIBSON 1985b, ETHERIDGE 1986, WHITE et al. 1986, PRICE & COSGROVE 1990). Ob eine Reaktivierung stattfindet oder ob eher neue, flach verlaufende Überschiebungen angelegt werden, darüber entscheidet die Höhe des Reibungswiderstandes auf den Störungsflächen. Nur wenn dieser deutlich gegenüber normalen Werten verringert wird (etwa aufgrund hohen Porenwasserdruckes oder weil sich reichlich toniges Material in der Störungsbahn befindet) ist überhaupt eine Reaktivierung zu erwarten. Diese kann auch dadurch begünstigt werden, daß die maximale Hauptspannung σ_1 nicht exakt horizontal gerichtet ist, sondern eine gewisse Neigung aufweist. Von den beiden Scharen eines konjugierten Paares von Abschiebungen wird dann vorrangig diejenige reaktiviert, die mit der σ_1-Richtung den kleineren Winkel einschließt (PRICE & COSGROVE 1990).

'Invertierte' Abschiebungen (Abschiebungen, die unter Kompressionsbedingungen reaktiviert wurden), erscheinen im Profil im unteren Teil häufig noch als Abschiebungen, oben jedoch bereits als Aufschiebungen, insbesondere wenn die Störungen synsedimentär aktiv waren (Abb. 106, vgl. auch Abb. 67). Der Punkt, an dem der Verschiebungssinn wechselt, wird als **Nullpunkt** (null point) bezeichnet (WILLIAMS et al. 1989), da sich hier Abschiebungs- und Aufschiebungskomponente gegenseitig aufheben. Abb. 107A veranschaulicht die prinzipielle Entwicklung solcher Störungen. Zu den ursprünglichen Verschiebungsbeträgen vor der Reaktivierung (Abb. 107A) wurde dabei vereinfachend auf der gesamten Länge der Störung eine konstante Aufschiebungskomponente addiert. Dort, wo diese größer ist als die ehemalige Abschiebungskomponente, präsentiert sich die Störung nun als Aufschiebung, in den anderen Bereichen nach wie vor als Abschiebung. Im Profil betrachtet wandert ein Nullpunkt im Verlauf eines Inversionsvorganges eine Zeitlang in Richtung Liegendes, bis die am tiefsten gelegene, von der Abschiebung ursprünglich noch versetzte Schicht wieder ihre ehemalige Höhenlage erreicht hat (COOPER et al. 1989, WILLIAMS et al. 1989). Danach ist kein Nullpunkt mehr vorhanden. Unter Umständen kann sich an derartigen Störungen auch die eigentümliche Situation ergeben, daß der relative Verschiebungssinn nicht nur im Einfallen, sondern auch im Streichen (im Kartenbild) von abschiebend zu aufschiebend wechselt (Abb. 108), bedingt durch die ursprüngliche Veränderung des Abschiebungsbetrages zur Seite hin (Abb. 26). Die jeweilige Position des Nullpunktes in der Karte richtet sich dann auch nach der relativen Höhenlage der Schnittebene in bezug auf den Bruchursprung.

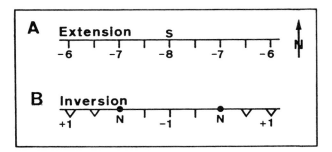

Abb. 108 Seitlicher Wechsel im Verschiebungssinn bei einer invertierten Abschiebung. Zu den Abschiebungsbeträgen in (A) wurde in (B) ein konstanter Aufschiebungsbetrag addiert.

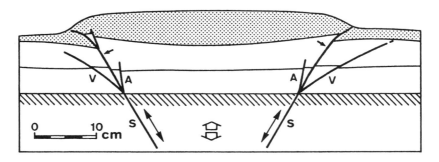

Abb. 109 Bruchentwicklung bei einem Inversionsvorgang im Experiment (umgezeichnet nach KOOPMAN et al. 1987). Der schräg gestrichelte Bereich zeigt die Versuchsapparatur, die von Sand (hell und punktiert dargestellt) bedeckt wird. Die Verformung wurde durch eine Absenkung und anschließende Hebung der zentralen Grabenscholle in der Modellapparatur bewirkt (durch die Doppelpfeile symbolisiert). Die kleinen Pfeile markieren die ehemaligen Störungsenden am Ende des Extensionsstadiums.

Lagern über einer Abschiebung zu Beginn der Inversionsphase noch ungestörte Schichten, wird sich die Störung während der Reaktivierung weiter zum Hangenden hin ausbreiten. In Modellexperimenten von KOOPMAN et al. (1987), in denen die σ_1-Richtung während der Reaktivierung senkrecht zu den vorhandenen Abschiebungen orientiert war (was einer Vertauschung der σ_1- und σ_3-Richtungen nach der Extensionsphase entspricht), wurde eine beträchtliche Verflachung des neu gebildeten Segmentes nach oben beobachtet. Im oberen Abschnitt nahm die Störung folglich insgesamt einen deutlich konvexen Verlauf (Abb. 109). Gleichzeitig entstanden bei diesen Versuchen **in der Liegendscholle** neue, von der reaktivierten Störung spitzwinklig abzweigende Aufschiebungen (V in Abb. 109; footwall shortcut fault). Zusammen definierten diese Störungen schmale, keilförmige Schollen, die mit zunehmendem Grad der Inversion immer stärker herausgehoben wurden. Über ähnliche Resultate berichten auch BUCHANAN & MCCLAY (1991). Schließt die σ_1-Richtung während der Inversionsphase mit der Streichrichtung der ursprünglichen Abschiebungen hingegen einen spitzen Winkel ein, womit in der Natur häufiger zu rechnen sein dürfte, erhält die Bewegung an der reaktivierten Abschiebung den Charakter einer schrägen Verschiebung. Damit verändert sich auch die Geometrie des oberen, neu gebildeten Störungssegmentes. Mit zunehmender Blattverschiebungskomponente entwickelt sich verstärkt eine fächerartige Struktur (palm-tree structure) mit Störungen, die zwar ebenfalls nach oben konvex verlaufen, aber um einiges steiler einfallen als im Fall einer reinen Aufschiebungsbewegung (MANDL 1988).

Ebenso wie bei Abwärtsbewegungen im Rahmen von Extensionsvorgängen verursacht ein Wechsel im Störungseinfallen auch bei aufschiebenden Bewegungen mehr oder minder große Komplikationen. In der Regel sind flachere Störungssegmente günstiger für den Verschiebungsvorgang, während steilere Segmente eher als Hindernis wirken. Gerade an Knickpunkten reaktivierter Abschiebungen ist daher mit lokalen Stauchungserscheinungen in den Schichten zu rechnen (Abb. 110). Unter Umständen breiten sich von den Knickpunkten auch neue Aufschiebungen (footwall shortcut faults) aus, oft ungefähr in der Projektion eines flacher verlaufenden Stö-

Abb. 110 Stauchungserscheinungen im Umfeld eines Knickpunktes (K) einer reaktivierten Abschiebung. Oberer Muschelkalk, Knittlingen. Die Störung erscheint gerade noch als Abschiebung, da der Aufschiebungsbetrag etwas geringer ist als der Abschiebungsbetrag.

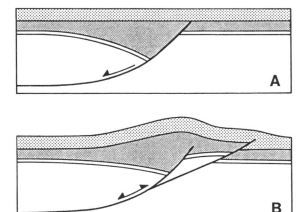

Abb. 111 Entwicklung einer Aufschiebung innerhalb der Liegendscholle während der Reaktivierung einer listrischen Abschiebung (umgezeichnet nach COOPER et al. 1989). (A) Ausgangssituation, (B) Inversionstadium.

rungsabschnittes. Derartige günstiger orientierte Auf- oder Überschiebungen können auch an gebogenen (listrischen) Abschiebungen ansetzen, wo das Störungseinfallen einen kritischen Wert überschreitet (Abb. 111). Antithetische Abschiebungen innerhalb eines entsprechenden Halbgrabens, die bei einem Inversionsvorgang ebenfalls reaktiviert werden, bilden zusammen mit der reaktivierten Hauptstörung manchmal charakteristische **Pop-up-Strukturen** (Abb. 112). Wenn der hochstehende Teil der Liegendscholle jedoch eine höhere Festigkeit besitzt als die Grabenfüllung, so daß er als eine Art Stützpfeiler (buttress) wirkt, entstehen innerhalb des Halbgrabens eventuell **Rücküberschiebungen** (backthrusts), die entgegengesetzt zur listrischen Haupt-

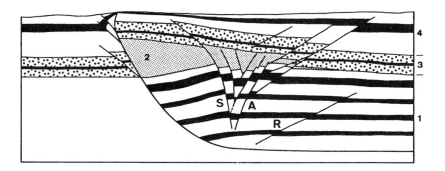

Abb. 112 Bruchentwicklung innerhalb eines invertierten Halbgrabens (nach einem Experiment von BUCHANAN & MCCLAY 1991). 1: Prä-Rift-Ablagerungen, 2: Syn-Rift-Ablagerungen, 3: post-Rift-Ablagerungen, 4: syn-Inversion-Ablagerungen. R: Rücküberschiebung, S und A: invertierte syn- und antithetische Störungen (vgl. Abb. 90).

störung einfallen (Abb. 112). Unter Umständen bilden sich dann aber auch **durchbrechende Überschiebungen** (out-of-sequence-thrusts), die zur Liegendscholle des Halbgrabens hin geneigt sind und die älteren Strukturen meist abschneiden, ohne von ihnen noch beeinflußt zu werden (BUTLER 1991).

Literatur

ALLEMAND, P., BRUN, J. P., DAVY, P. & VAN DEN DRIESSCHE, J. (1989): Symétrie et asymétrie des rifts et mécanismes d'amincississement de la lithosphère. - Bull. Soc. Geol. Fr., **8**: 445-451.
ALLMENDINGER, R. W., SHARP, J. W., VON TISH, D., SERPA, L., BROWN, L., KAUFMAN, S., OLIVER, J. & SMITH, R. B. (1983): Cenozoic and Mesozoic structure of the eastern Basin and Range province, Utah, from COCORP seismic-reflection data. - Geology, **11**: 532-536.
ALVAREZ, W. (1990): Pattern of extensional faulting in pelagic carbonates of the Umbria-Marche Apennines of central Italy. - Geology, **18**: 407-410.
ANDERSON, D. E. (1951): The dynamics of faulting. - 206 S.; Edinburgh (Oliver & Boyd).
ANDERSON, R. E., ZOBACK, M. L. & THOMPSON, G. A. (1983): Implications of selected subsurface data on the structural form and evolution of some basins in the northern Basin and Range Province, Nevada and Utah. - Geol. Soc. Am. Bull., **94**: 1055-1972.
ANDRES, J. (1940): Hebung, Spaltung, Vulkanismus V. - Ein Scheitelgraben in einem Faltensattel des Siegerlandes. - Geol. Rdsch., **31**: 241-243.
ANGELIER, J. (1985): Extension and rifting: the Zeit region, the Golf of Suez. - J. Struct. Geol., **7**: 605-612.
ANGELIER, J. & COLLETTA, B. (1983): Tension fractures and extensional tectonics. - Nature, **301**: 49-51; London.
ARABASZ, W. J. (1981): Seismicity and listric faulting in central and SW Utah. - EOS, **62**: 960.
ARABASZ, W. J. & JULANDER, D. R. (1986): Geometry of seismically active faults and crustal deformation within the Basin and Range-Colorado Plateau transition in Utah. - Geol. Soc. Am. Spec. Pap., **208**: 43-74.
ARMIJO, R., TAPPONIER, P. & MERCIER, J. L. (1986): Quaternary extension in southern Tibet: field observations and tectonic implications. - J. Geophys. Res., **91**: 13803-13872.
ARTYUSHKOV, E. V. (1987): Rifts and grabens. - Tectonophysics, **133**: 321-331.
AYDIN, A. (1978): Small faults formed as deformation bands in sandstone. - PAGEOPH, **116**: 913-930.
AYDIN, A. & JOHNSON, A. M. (1978): Development of faults as zones of deformation bands and slip surfaces in sandstone. - PAGEOPH, **116**: 931-942.
AYDIN, A. & JOHNSON, A. M. (1983): Analysis of faulting in porous sandstones. - J. Struct. Geol., **5**: 19-31.
AYDIN, A. & NUR, A. (1982): Evolution of pull-apart basins and their scale independence. - Tectonics, **1**: 91-105.
AYDIN, A. & RECHES, Z. (1982): Number and orientation of fault sets in the fields and in experiments. - Geology, **10**: 107-112.
AXEN, G. J. (1986): Superposed normal faults in the Ely Springs Range, Nevada: estimates of extension. - J. Struct. Geol., **8**: 711-713.
AXEN, G. J. (1988): The geometry of planar domino-style normal faults above a dipping basal detachment. - J. Struct. Geol., **10**: 405-411.

BADLEY, M. (1985): Practical Seismic Interpretation. - International Human Development Corporation, 266 S.

BADLEY, M. E., EGEBERG, T. & NIPEN, O. (1984): Development of rift basins illustrated by the structural evolution of the Oseberg feature, Block 30/6, offshore Norway. - J. geol. Soc. Lond., **141**: 639-649.

BADLEY, M. E., PRICE, J. D. & BLACKSHALL, L. (1989): Inversion, reactivated faults and related structures - seismic examples from the southern North Sea. - In Cooper, M. A. & Williams, G. D. (eds.): 'Inversion Tectonics', Geol. Soc. Spec. Publ., **44**: 201-219.

BADLEY, M. E., PRICE, J. D., DAHL, C. R. & AGDESTEIN, T. (1988): The structural evolution of the northern Viking graben and its bearing upon extensional modes of basin formation. - J. geol. Soc. Lond., **145**: 455-472.

BAHAT, D. (1982): Extensional aspects of earthquake induced ruptures by an analysis of fracture bifurcation. - Tectonophysics, **83**: 163-183.

BAHAT, D. (1984): Fracture interaction in the Gregory Rift, East Africa. - Tectonophysics, **104**: 47-65.

BALDSCHUHN, R., FRISCH, U. & KOCKEL, F. (1985): Inversionsstrukturen in NW-Deutschland und ihre Genese. - Z. dt. geol. Ges., **136**: 129-134.

BALLY, A. W. (1982): Musings over sedimentary basin evolution. - Phil. Trans. R. Soc. Lond., **A305**: 325-328.

BALLY, A. W. (ed.) (1983): Seismic expression of structural styles - a picture and work atlas. - AAPG Studies in Geology Series, **15**, Vol. 1-3.

BALLY, A. W. (1984): Tectogénèse et sismique réflexion. - Bull. Soc. Geol. Fr., **7**: 279-285.

BALLY, A. W., BERNOULLI, D., DAVIS, G. A. & MONTADERT, L. (1981): Listric normal faults. - Oceanologica Acta, No. SP (Proc. 26th Intern. Geol. Congr.: Geology of Continental Margins Symposium), 87-101.

BALLY, A. W., GORDY, P. L. & STEWART, G. A. (1966): Structure, seismic data and orogenic evolution of southern Canadian Rocky Mountains. - Bull. Can. Petrol. Geol., **14**: 337-381.

BARNETT, J. A. M., MORTIMER, J., RIPPON, J. H., WALSH, J. J. & WATTERSON, J. (1987): Displacement geometry in the volume containing a single normal fault. - AAPG Bull., **71**: 925-937.

BARR, D. (1985): 3-D palinspastic restoration of normal faults in the Inner Moray Firth: implications for extensional basin development. - Earth. Planet. Sci. Lett., **75**: 191-203.

BARR, D. (1987): Structural/stratigraphic models for extensional basins of half-graben type. - J. Struct. Geol., **9**: 491-500.

BARR, D. (1987): Lithospheric stretching, detached normal faulting and footwall uplift. - In Coward, M. P., Dewey, J. F. & Hancock, P. L. (eds.): 'Continental Extensional Tectonics', Geol. Soc. Spec. Publ., **28**: 75-94.

BARR, D., MCQUILLIN, R. & DONATO, J. A. (1985): Footwall uplift in the inner Moray Firth basin, offshore Scotland. - J. Struct. Geol., **7**: 267-268.

BARTLEY, J. M. & GLAZNER, A. F. (1991): En echelon Miocene rifting in the southwestern United States and model for vertical-axis rotation in continental extension. - Geology, **19**: 1165-1168.

BEACH, A. (1984): Structural evolution of the Witch Ground Graben. - J. geol. Soc. Lond., **141**: 621-628.

BEACH, A. (1986): A deep seismic profile across the North Sea. - Nature, **323**: 53-55.

BEACH, A., BIRD, T. & GIBBS, A. (1987): Extensional tectonics and crustal structure: deep seismic reflection data from the northern North Sea Viking graben. - In Coward, M. P., Dewey, J. F. & Hancock, P. L. (eds.): 'Continental Extensional Tectonics', Geol. Soc. Spec. Publ. **28**, 467-476.

BEACH, A. & TRAYNER, P. (1991): The geometry of normal faults in a sector of the offshore Nile Delta, Egypt. - In Roberts, A. M., Yielding, G. & Freeman, B. (eds.): 'The Geometry of Normal Faults', Geol. Soc. Spec. Publ., **56**: 173-182.
BEHRENDT, J. C., GREEN, A. G., CANNON, W. F., HUTCHINSON, D. R., LEE, M. W., MILKEREIT, B., AGENA, W. F. & SPENCER, C. (1988): Crustal structure of the Midcontinent rift system: results from GLIMPCE deep seismic reflection profiles. - Geology, **16**: 81-85.
BEHRMANN, R. B. (1949): Geologie und Lagerstätte des Ölfeldes Reitbrook bei Hamburg. - In Bentz, A. (ed.) 'Erdöl und Tektonik in NW Deutschland', Amt für Bodenforschung, Hannover-Celle, 190-220.
BERGERAT, F., MUGNIER, J. L., GUELLEC, S., TRUFFERT, C., CAZES, M., DAMOTTE, B. & ROURE, F. (1990): Extensional tectonics and subsidence of the Bresse basin: an interpretation from ECORS data. - In Roure, F., Heitzmann, P. & Polino, R. (eds.): 'Deep structure of the Alps', Mém. Soc. géol. Suisse 1, Vol. Spec. Soc. Geol. It. **1**: 145-156.
BEVAN, T. (1985): Tectonic evolution of the Isle of Wight: a Cenozoic history based on meso-fractures. - Proc. Geol. Ass., **96**: 227-235.
BETZ, D., FÜHRER, F., GREINER, G. & PLEIN, E. (1987): Evolution of the Lower Saxony Basin. - Tectonophysics, **137**: 127-170.
BIDDLE, K. T. & RUDOLPH, K. W. (1988): Early Tertiary structural inversion in the Stord Basin, Norwegian North Sea. - J. geol. Soc. Lond., **145**: 603-611.
BOSWORTH, W. (1985a): Geometry of propagating continental rifts. - Nature, 316: 625-627.
BOSWORTH, W. (1985b): Off-axis volcanism in the Gregory rift, east Africa: implications for models of continental rifting. - Geology, **15**: 397-400.
BOSWORTH, W. (1985c): Discussion of structural evolution of extensional basin margins. - J. geol. Soc. Lond., **142**: 939-942.
BOSWORTH, W. (1986): Comment on "Detachment faulting and the evolution of passive continental margins" by Lister, G. S., Etheridge, M. A. & Symonds, P. A. - Geology, **14**: 890-892.
BOTT, M. H. P. (1959): The mechanics of oblique slip faulting. - Geol. Mag., **96**: 109-117.
BOYER, S. E. & ELLIOTT, D. (1982): Thrust systems. - AAPG Bull., **66**: 1196-1230.
BRADSHAW, G. A. & ZOBACK, M. D. (1988): Listric normal faulting, stress refraction, and the state of stress in the Gulf Coast basin. - Geology, **16**: 271-274.
BRIX, M., SCHWARZ, H.-U. & VOLLBRECHT, A. (1985): Tektonische Experimente als Beitrag zu Strukturanalysen im Ruhrkarbon. - Glückauf-Forschungshefte, **46**: 192-199.
BROWN, A. R., EDWARDS, G. S. & HOWARD, R. E. (1987): Fault slicing - a new approach to the interpretation of fault detail. - Geophysics, **52**: 1319-1327.
BRUCE, C. H. (1973): Pressured shale and related sediment deformation-mechanism for development of regional contemporaneous faults. - AAPG Bull., **57**: 878-886.
BRUCE, C. H. (1984): Smectite dehydration: its relation to structural development and hydrocarbon accumulation in northern Gulf of Mexico basin. - AAPG Bull., **68**: 673-683.
BRUMBAUGH, D. S. (1984): Compressive strains generated by normal faulting. - Geology, **12**: 491-494.
BRUN, J. P. & CHOUKROUNE, P. (1983): Normal faulting, block tilting, and decollement in a stretched crust. - Tectonics, **2**: 345-356.
BRUN, J. P., CHOUKROUNE, P. & FAUGERE, E. (1985): Les discontinuités significatives de l'amincissement crustal: application aux marges passives. - Bull. Soc. Géol. Fr., **8**: 139-144.

BRUN, J. P. & MERLE, O.: (1985) Strain patterns in models of spreading gliding nappes. - Tectonics, **4**: 705-719.

BRUN, J. P., WENZEL, F. & ECORS-DEKORP TEAM (1991): Crustal-scale structure of the southern Rhinegraben from ECORS-DEKORP seismic reflection data. - Geology, **7**: 758-762.

BUCHANAN, P. G. & MCCLAY, K. R. (1991): Sandbox experiments of inverted listric and planar fault systems. - In Cobbold, P. R. (eds.): 'Experimental and Numerical Modelling of Continental Deformation', Tectonophysics, **188**: 97-115.

BUCK, W. R. (1988): Flexural rotation of normal faults. - Tectonics, **7**: 959-973.

BUTLER, R. W. H. (1991): The influence of pre-existing basin structure on thrust system evolution in the Western Alps. - In Cooper, M. A. & Williams, G. D. (eds.): 'Inversion Tectonics', Geol. Soc. Spec. Publ., **44**: 105-122.

CAPE, C. D., MCGEARY, S. & THOMPSON, G. A. (1983): Cenozoic normal faulting and the shallow structure of the Rio Grande rift near Socorro, New Mexiko. - Geol. Soc. Am. Bull., **94**: 3-14.

CARTWRIGHT, J. (1987): Transverse structural zones in continental rifts - an example from the Danish sector of the North Sea. - In Brooks, J. & Glennie, K. W. (eds.): 'Petroleum Geology of North West Europe', 441-453; London (Graham & Trotman).

CARVER, R. E. (1968): Differential compaction as a cause of regional contemporaneous faults. - AAPG Bull., **52**: 414-419.

CASELLI, F. (1987): Oblique-slip tectonics, Mid-Norway shelf. - In Brooks, J. & Glennie, K. W. (eds.): 'Petroleum Geology of North West Europe', 1049-1064, London (Graham & Trotman).

CHADWICK, R. A. (1986): Extension tectonics in the Wessex Basin, southern England. - J. geol. Soc. Lond., **143**: 465-488.

CHADWICK, R. A. & SMITH, N. J. P. (1988): Evidence of negative structural inversion beneath central England from new seismic reflection data. - J. geol. Soc. Lond., **145**: 519-522.

CHAPMAN, T. & MENEILLY, A. W. (1990): Fault displacement analysis in seismic exploration. - First Break, **8**: 11-22.

CHARLTON, T. R. (1991): Postcollison extension in arc-continent collision zones, eastern Indonesia. - Geology, **19**: 28-31.

CHEADLE, M. J., MCGEARY, S., WARNER, M. R. & MATTHEWS, D. H. (1987): Extensional structures on the western UK continental shelf: a review of evidence from deep seismic profiling. - In Coward, M. P., Dewey, J. F. & Hancock, P. L. (eds.): 'Continental Extensional Tectonics', Geol. Soc. Spec. Publ., **28**: 445-465.

CHILDS, C., WALSH, J. J. & WATTERSON, J. (1990): A method for estimation of the density of fault displacements below the limit of seismic resolution in reservoir formations. - In 'North Sea Oil and Gas Reservoirs II.' Norwegian Institute of Technology, Trondheim, 309-318; London (Graham & Trotman).

CHINNERY, M. A. (1966): Secondary faulting I. Theoretical aspects. - Can. J. Earth Sci., **3**: 163-174.

CHOROWICZ, J. & SORLIEN, C. (1992): Oblique extensional tectonics in the Malawi Rift, Africa. - Geol. Soc. Am. Bull., **104**: 1015-1023.

CHRISTIAN, H. E., JR. (1969): Some observations on the initiation of salt structures of the southern British North Sea. - In Hepple, P. (ed.): 'The exploration for petroleum in Europe and north Africa', 231-250; Amsterdam (Elsevier).

CLOOS, E. (1968): Experimental analysis of Gulf Coast fracture patterns. - AAPG Bull., **52**: 420-444.

CLOOS, H. (1930): Zur experimentellen Tektonik. - Naturwissenschaften, **18**: 741-747.

CLOOS, H. (1936): Einführung in die Geologie (Ein Lehrbuch der Inneren Dynamik). - 503 S.; Berlin (Borntraeger).
CLOOS, H. (1939): Hebung, Spaltung, Vulkanismus. - Geol. Rund., **30**: 405-527.
COBBOLD, P., ROSSELLO, E. & VENDEVILLE, B. (1989): Some experiments on interacting sedimentation and deformation above salt horizons. - Bull. Soc. géol. Fr., **8**: 453-460.
COFFIELD, D. Q. & SCHAMEL, S. (1989): Surface expression of an accommodation zone within the Gulf of Suez, Egypt. - Geology, **17**: 76-79.
COFFIELD, D. Q. & SMALE, J. L. (1987): Structural geology and synrift sedimentation in an accommodation zone, Gulf of Suez, Egypt. - Oil and Gas Journal, **85**: 57-59.
COHEN, C. R. (1982): Model for a passive to active continental margin transition: implications for hydrocarbons exploration. - AAPG Bull., **66**: 708-718.
COLLETTA, B., LETOUZEY, J. & PINEDO, R. (1991): Computerized X-ray tomography analysis of sandbox models: Examples of thin-skinned thrust systems. - Geology, **19**: 1063-1067.
COLLETTA, B., LE QUELLEC, P., LETOUZEY J. & MORETTI, I. (1988): Longitudinal evolution of the Suez rift structure (Egypt). - Tectonophysics, **153**: 221-233.
COLLIER, R. E. LL. (1989): Tectonic evolution of the Northcumberland basin; the effect of renewed extension upon an inverted basin. - J. geol. Soc. Lond., **146**: 981-989.
CONEY, P. J. & HARMS, T. A. (1984): Cordilleran metamorphic core complexes: Cenozoic extensional relics of Mesozoic compression. - Geology, **12**: 550-554.
COOPER, M. A. & WILLIAMS, G. D. (eds.) (1989): Inversion Tectonics. - Geol. Soc. Spec. Publ., **44**, 379 S.
COOPER, M. A., WILLIAMS, G. D., DEGRACIANSKY, P. C., MURPHY, R. W., NEEDHAM, T., DE PAOR, D., STONELEY, R., TODD, S. P., TURNER, J. P. & ZIEGLER, P. A. (1989): Inversion tectonics - a discussion. - In Cooper, M. A. & Williams, G. D. (eds.): 'Inversion Tectonics', Geol. Soc. Spec. Publ., **44**: 335-350.
COURTILLOT, V., TAPPONIER, P. & VARET, J. (1974): Surface features associated with transform faults: a comparison between observed examples and an experimental model. - Tectonophysics, **24**: 317-329.
COWAN, D. S., BOTROS, M. & JOHNSON, H. P. (1986): Bookshelf tectonics, rotated crustal blocks within the Sovanco Fracture Zone. - Geophys. Res. Lett., **U13**: 995-998.
COWARD, M. P., GILLCRIST, R. & TRUDGILL, B. (1991): Extensional structures and their tectonic inversion in the Western Alps. - In Roberts, A. M., Yielding, G. & Freeman, B. (eds.): 'The Geometry of Normal Faults', Geol. Soc. Spec. Publ., **56**: 93-112.
COWIE, P. A. & SCHOLZ, C. H. (1992a): Displacement-length scaling relationship for faults: data synthesis and discussion. - J. Struct. Geol., **14**: 1149-1156.
COWIE, P. A. & SCHOLZ, C. H. (1992b): Physical explanation for the displacement-length relationship for faults using a post-yield fracture mechanics model. - J. Struct. Geol., **14**: 1133-1148.
COX, S. J. D. & RUTTER, E. H. (1982): On the formation and growth of faults: an experimental study. - J. Struct. Geol., **10**: 413-430.
COX, S. J. D. & SCHOLZ, C. H. (1988): On the formation and growth of faults. - J. Struct. Geol., **10**: 413-430.
CRANS, W., MANDL, G. & HAREMBOURE, J. (1980): On the theory of growth faulting: a geomechanical delta model based on gravity sliding. - J. Pet. Geol., **2**: 3, 265-307.
CRONE, A. J. & HARDING, S. T. (1984): Relationship of late Quaternary fault scarps to subjacent faults, eastern Great Basin, Utah. - Geology, **12**: 292-295.
CROWELL, J. C. (1959): Problems of fault nomenclature. - AAPG Bull., **43**: 2653-2674.

CURRIE, J. B. (1956): Role of concurrant deposition and deformation of sediments in development of salt-dome graben structures. - AAPG Bull., **40**: 1-16.

DAHLSTROM, C. D. A. (1969): Balanced cross sections. - Can. J. Earth Sci., **6**: 743-757.

DAHLSTROM, C. D. A. (1970): Structural geology in the eastern margin of the Canadian Rocky Mountains. - Bull. Can. Petrol. Geol., **18**: 332-406.

DAILLY, G. C. (1976): A possible mechanism relating progradation, growth faulting, clay diapirism and overthrusting in a regressive sequence of sediments. - Bull. Can. Petrol. Geol., **24**: 92-116.

DAVIS, G. A. (1988): Rapid upward transport of mid-crustal mylonitic gneisses in the footwall of a Miocene detachment fault, Whipple Mountains, southeastern California. - Geol. Rdsch., **77**: 191-209.

DAVIS, G. H. (1984): Structural Geology of Rocks and Regions. - 492 S.; New York (Wiley).

DAVIS, G. A., LISTER, G. S. & REYNOLDS, S. J. (1988): Detachment faulting in continental extension: perspective from the southwestern U. S. Cordillera. - Spec. Pap. geol. Soc. Am., **218**.

DAVISON, I. (1987): Normal fault geometry related to sediment compaction and burial. - J. Struct. Geol., **9**: 393-402.

DAVISON, I. (1989): Extensional domino fault tectonics: kinematics and geometrical constraints. - Annales Tectonicae, **3**: 12-24.

DEWEY, J. F. (1988): Extensional collapse of orogens. - Tectonics, **7**: 1123-1139.

DIXON, T. H., STERN, R. H. & HUSSEIN, I. H. (1987): Control of Red Sea rift geometry by Precambrian structures. - Tectonics, **6**: 551-571.

DONATH, F. A. (1961): Experimental study of shear failure in anisotropic rocks. - Geol. Soc. Am. Bull., **72**: 985-990.

DOSER, D. I. (1985): The 1983 Borah Peak, Idaho and 1959 Hebgen Lake, Montana earthquakes: models for normal fault earthquakes in the Intermountain seismic belt. - U. S. Geol. Surv. Open-File Report **85-290**, 368-384.

DRESEN, G., GWILDIS, U. KLUEGEL & T. (1991): Numerical and analog modelling of normal fault geometry. - In Roberts, A. M., Yielding, G. & Freeman, B. (eds.): 'The Geometry of Normal Faults', Geol. Soc. Spec. Publ., **56**: 207-217.

DULA, W. F. JR. (1991): Geometric models of listric normal faults and rollover folds. - AAPG Bull., **75**: 1609-1625.

DULCE, J.-C. & APEL, C. (1991): Das Gasfeld Thönse - Strukturgeschichte. - In 'Das Gasfeld Thönse in Niedersachsen - ein Unikat', Veröffentl. Nieders. Akademie der Geowiss., **6**, S. 15-25; Hannover.

DUNKELMAN, T. J., KARSON, J. A. & ROSENDAHL, B. R. (1988): Structural style of the Turkana Rift, Kenya. - Geology, **16**: 258-261.

EATON, G. P. (1983): The Basin and Range province. Origin and tectonic significance. - Ann. Rev. Earth Planet. Sci., **10**: 409-440.

EBINGER, C. J. (1989a): Geometric and kinematic development of border faults and accommodation zones, Kivu-Rusizi rift, Africa. - Tectonics, **8**: 117-133.

EBINGER, C. J. (1989b): Tectonic development of the western branch of the East African rift system. Geol. Soc. Am. Bull., **101**: 885-903.

EDWARDS, M. B. (1976): Growth faults in Upper Triassic deltaic sediments, Svalbard. - AAPG Bull., **60**: 341-355.

EDWARDS, M. B. (1981): Upper Wilcox Rosita delta system of South Texas, growth-faulted shelf-edge deltas. - AAPG Bull., **65**: 54-73.

EISBACHER, G. H. (1991): Einführung in die Tektonik. - 310 S.; Stuttgart (Ferdinand Enke-Verlag).

ELLENOR, D. & JAMES, D. M. D. (1984): The oil and gas resources of Brunei. - In James, D. M. D. (ed.): 'The Geology and Hydrocarbon Resources of Negra Brunei Darussalem, Kota Batu, Muzim Brunei', 103-139.

ELLIOTT, D. (1976): Energy balance and deformation mechanisms of thrust sheets. - Phil. Trans. R. Soc. Lond., **A283**: 289-312.

ELLIS, M. A. & DUNLAP, W. J. (1988): Displacement variation along thrust faults: implications for the development of large faults. - J. Struct. Geol., **10**: 183-192.

ELLIS, P. G. & MCCLAY, K. R. (1988): Listric extensional fault systems - results of analogue model experiments. - Basin Res., **1**: 55-70.

ELMOHANDES, S.-E. (1981): The central European graben system: rifting initiated by clay modeling. - Tectonophysics, **73**: 69-78.

ENACHESCU, M. E. (1990): Structural setting and validation of direct hydrocarbon indicators for Amauligak oil field, Canadian Beaufort Sea. - AAPG Bull., **74**: 41-59.

ENFIELD, M. A. & COWARD, M. P. (1987): The structure of the West Orkney basin, northern Scotland. - J. geol. Soc. Lond., **144**: 871-884.

ENGELDER, J. T. (1974): Cataclasis and the generation of fault gouge. - Geol. Soc. Am. Bull., **85**: 1515-1522.

ETCHECOPAR, A., GRANIER, T. & LARROQUE, J.-M. (1986): Origine des fentes en echelon: propagation des failles. - C. R. Acad. Sci., Paris, **302**: 479-484.

ETHERIDGE, M. A. (1986): On the reactivation of extensional fault systems. - Phil. Trans. R. Soc. Lond., Ser. **A317**: 179-194.

ETHERIDGE, M. A. BRANSON, J. C. & STUART-SMITH, P. G. (1985): Extensional basin-forming structures in Bass Strait and their importance in hydrocarbon exploration. - Aust. Pet. Explor. Assoc. J., **25**: 344-361.

EVANS, B. & WONG, T.-F. (1985): Shear localization in rocks induced by tectonic deformation. - In Bazant, Z. (ed.): 'Mechanics of Geomaterials', Kapitel 10; (John Wiley and Sons).

EWING, T. E. (1984): Growth faults and salt tectonics. - Oil & Gas J., **82**: 176-179.

EYIDOGAN, H. & JACKSON, J. (1985): A seismological study of normal faulting in the Demirci, Alasehir and Gediz earthquakes of 1969-1970 in western Turkey: implications for the nature and geometry of deformation in the continental crust. - Geophys. J. R. astr. Soc., **81**: 569-607.

FALLAW, W. C. (1973): Grabens on anticlines in Gulf Coastal Plain, and thinning of sedimentary section in downthrown fault block. - AAPG Bull., **57**: 198-203.

FARRELL, F. G. (1984): A dislocation model applied to slump structures, Ainsa Basin, south central Pyrenees. - J. Struct. Geol., **6**: 727-736.

FAUGÉRE, E. & BRUN, J. P. (1984): Modélisation expérimentale de la distension continentale. - C. R. Acad. Sci, **299**, Série II, 365-370.

FAUGÉRE, E., BRUN, J. P. & VAN DEN DRIESSCHE, J. (1986): Asymmetric basins in pure extension and in wrenching: experimentals models. - Bull. Centre Recherche Exploration-Production Elf-Aquitaine, **10**: 13-21.

FAURE, J.-L. & CHERMETTE, J.-C. (1989): Deformation of tilted blocks, consequences on block geometry and extension measurement. - Bull. Soc. géol. Fr., **8**: 461-476.

FEDO, C. M. & MILLER, J. M. G. (1992): Evolution of a Miocene half-graben basin, Colorado River extensional corridor, southeastern California. - Geol. Soc. Am. Bull., **104**: 481-493.

FLICK, H., QUADE, H. & STACHE, G.-A. mit Beiträgen von F. W. WELLMER (1972): Einführung in die tektonischen Arbeitsmethoden. - Clausthaler Tektonische Hefte, **12**: 96 S.; Clausthal-Zellerfeld.

FORSLUND, T. & GUDMUNDSSON, A. (1992): Structure of Tertiary and Pleistocene normal faults in Iceland. - Tectonics, **11**: 57-68.

FREETH, S. J. & LADIPO, K. O. (1986): The development and restoration of syn-sedimentary faults. - Earth Planet. Sci. Lett., **78**: 411-419.
FREEMAN, B., YIELDING, G. & BADLEY, M. (1990): Fault correlation during seismic interpretation. - First Break, **8**: 87-95.
FREUND, R. (1974): Kinematics of transform and transcurrent faults. - Tectonophysics, **21**: 93-134.
FREUND, R. & MERZER, A. M. (1976): The formation of rift valleys and their zig-zag fault patterns. - Geol. Mag., **113**: 561-568.
FROIDEVAUX, C. & KIE, T. T. (eds.) (1987): Deep internal processes and continental rifting. - Tectonophysics, **133**: 165-333.
GABRIELSEN, R. H. (1984): Long-lived fault zones and their influence on the tectonic development of the Southeastern Barents Sea. - J. geol. Soc. Lond., **141**: 651-662.
GABRIELSEN, R. H., KLOVJAN, O. S., RASMUSSEN, A. & STOLAN, T. (1992): Interaction between halokinesis and faulting: structuring of the margins of the Nordkapp Basin, Barents Sea region. - In Larsen, R. M., Brekke, H., Larsen, B. T. & Talleraas, E. (eds.): 'Structural and Tectonic Modelling and its Application to Petroleum Geology', Norwegian Petroleum Society (NPF) Spec. Publ., **1**: 121-131.
GABRIELSEN, R. H. & ROBINSON, C. (1984): Tectonic inhomogenities of the Kristiansund-Bodo Fault Complex, offshore mid-Norway. - In Spencer, A. M. (ed.): 'Petroleum Geology of the North Europian Margin', 397-406; Norwegian Petroleum Society (Graham & Trotman).
GAMOND, J. F. (1983): Displacement features associated with fault zones: a comparison between observed examples and experimental models. - J. Struct. Geol., **5**: 33-45.
GAMOND, J. F. (1987): Bridge structures as sense of displacement criteria in brittle fault zones. - J. Struct. Geol., **9**: 609-620.
GANS, P. B., MILLER, E. L., MCCARTHY, J. & OULDCOTT, M. L. (1985): Tertiary extensional faulting and evolving ductile-brittle transition zones in the northern Snake Range and vicinity: new insight from seismic data. - Geology, **13**: 189-193.
GANS, P. B., MAHOOD, G.A. & SCHERMER, E. (1989): Synextensional magmatism in the Basin and Range Province; a case study from the easten Great Basin. - Geol. Soc. Am. Spec. Pap., **233**: 58 S.
GAPAIS, D., FIQUET, G. & COBBOLD, P. R. (1991): Slip system domains, 3. New insights in fault kinematics from plane-strain sandbox experiments. - Tectonophysics, **188**: 143-157.
GAST, R. (1988): Rifting im Rotliegenden Niedersachsens. - Die Geowissenschaften, **6**: 115-122.
GAUDEMAR, Y. & TAPPONNIER, P. (1987): Ductile und brittle deformations in the northern Snake Range, Nevada. - J. Struct. Geol., **9**: 159-180.
GIBBS, A. D. (1983): Balanced cross-section constructions from seismic sections in areas of extensional tectonics. - J. Struct. Geol., **5**: 152-160.
GIBBS, A. D. (1984a): Structural evolution of extensional basin margins. - J. geol. Soc. Lond., **141**: 609-620.
GIBBS, A. D. (1984b): Clyde Field growth fault secondary detachment above basement faults in the North Sea. - AAPG Bull., **68**: 1029-1039.
GIBBS, A. D. (1990): Linked fault families in basin formation. - J. Struct. Geol., **12**: 795-803.
GIBSON, J. R., WALSH, J. J. & WATTERSON, J. (1989): Modelling of bed contours and cross-sections adjacent to planar normal faults. - J. Struct. Geol., **11**: 317-328.
GILLCRIST, R., COWARD, M. & MUGNIER, J.-L. (1987): Structural inversion and its controls: examples from the Alpine foreland and the French Alps. - Geodinamica Acta, **1**: 5-34.

GILLESPIE, P. A., WALSH, J. J. & WATTERSON, J. (1992): Limitations of dimension and displacement data from single faults and consequences for data analysis and interpretation. - J. Struct. Geol., **14**: 1157-1172.

GILTNER, J. P. (1987): Application of extensional models to the North Viking Graben. - Norsk geol. Tidsskr., **67**: 339-352.

GLENNIE, K. W. (1986): Introduction to the petroleum geology of the North Sea. - 2. Aufl., 236 S.; Palo Alto (Blackwell Scientific Publications).

GOWERS, M. B. & SAEBOE, A. (1985): On the structural evolution of the Central Through in the Norwegian and Danish sectors of the North Sea. - Mar. Petrol. Geol., **2**: 298-318.

GRAND, T. (1988): Mesozoic extensional inherited structures of the European margin of the Ligurian Tethys. The example of the Bourg d'Oisians half-graben, Western Alps. - Bull. géol. Soc. Fr., **8**: 613-622.

GRAUE, K. (1992): Extensional tectonics in the northernmost North Sea: rifting, uplift, erosion, and footwall collapse in late Jurassic to early Cretaceeous times. - Spencer, A. M. (ed.): 'Generation, Accumulation and Production of Europe's Hydrocarbons II', Spec. Publ. European Ass. Petrol. Geoscientists, No. 2, 23-34; Berlin Heidelberg (Springer-Verlag).

GRETENER, P. (1977): Pore pressure: Fundamentals, general ramifications, and implications for Structural Geology. - AAPG Education Course Note Series No. 4, 88 p. (2nd ed. 1979, 131 p.).

GRETENER, P. E. (1986): General comments on listric normal faults and particular reference to growth faults and their role in hydrocarbon trapping. - Bull. Ver. Schweiz. Petrol.-Geol. und - Ing., Vol. 52, Nr. 122: 21-34.

GRIFFITHS, P. S. (1980): Box-fault systems and ramps: a typical associations of structures from the eastern shoulder of the Kenya Rift. - Geol. Mag., **117**: 579-586.

GROSHONG, R. H. (1989): Half-graben structures: balanced models of extensional fault-bend folds. - Geol. Soc. Am. Bull., **101**: 96-105.

GROSHONG, R. H. (1990): Unique determination of normal fault shape from hangingwall bed geometry in detached halfgrabens. - Eclogae geol. Helv., **83**: 455-472.

GUDMUNDSSON, A. (1983): Form and dimension of dykes in eastern Iceland. - Tectonophysics, **95**: 295-307.

GWINNER, M. P. (1965): Geometrische Grundlagen der Geometrie. - 154 S.; Stuttgart (Schweizerbart).

HACKMAN, B. D., CHARSLEY, T. J., KEY, R. M. & WILKINSON, A. F. (1990): The development of the East African Rift system in north-central Kenya. - Tectonophysics, **184**: 189-211.

HÄHNEL, W. (1961): Die Lackfilmmethode zur Konservierung geologischer Objekte. - Der Präparator, **7**: 243-264.

HALSTEAD, P. H. (1975): Northern North Sea faulting. - Proceed. of the Jurassic Northern North Sea Symposium, 10/1-10/38, Norwegian Petroleum Society, Stavanger.

HAMBLIN, W. K. (1965): Origin of "reverse drag" on the downthrown side of normal faults. - Geol. Soc. Am. Bull., **76**: 1145-1164.

HAMILTON, W. (1987): Crustal extension in the Basin and Range Province, southwestern United States. - In Coward, M. P., Dewey, J. F. & Hancock, P. L. (eds.): 'Continental Extensional Tectonics', Geol. Soc. Spec. Publ., **28**: 155-176.

HANCOCK, P. L. (1985): Brittle microtectonic - principles and practice. - J. Struct. Geol., **7**: 437-457.

HANCOCK, P. L. & BARKA, A. A. (1987): Kinematic indicators on active normal faults in western Turkey. - J. Struct. Geol., **9**: 573-584.

HANEBERG, W. C. (1988): Some possible effects of consolidation on growth fault geometry. - Tectonophysics, **148**: 309-316.

HARDIN, F. R. & HARDIN, G. C., JR. (1961): Contemporaneous normal faults of Gulf Coast and their relation to flexures. - AAPG Bull., **45**: 238-248.

HARDING, T. P. (1984): Graben hydrocarbon occurrences and structural style. - AAPG Bull., **68**: 1016-1059.

HARDING, T. P. (1985): Seismic characteristics and identification of negative flower structures, positive flower structures, and positive structural inversion. - AAPG Bull., **69**: 582-600.

HARDING, T. P. & LOWELL, J. D. (1979): Structural styles, their plate-tectonic habitats, and hydrocarbon traps in petroleum provinces. - AAPG Bull., **63**: 1016-1058.

HARDMAN, R. F. P. & BOOTH, J. E. (1991): The significance of normal faults in the exploration and production of North Sea hydrocarbons. - In Roberts, A. M., Yielding, G. & Freeman, B. (eds.): 'The Geometry of Normal Faults', Geol. Soc. Spec. Publ., **56**: 183-191.

HAYWARD, A. B. & GRAHAM, R. H. (1989): Some geometrical characteristics of inversion. - In Cooper, M. A. & Williams, G. D. (eds.): 'Inversion Tectonics', Geol. Soc. Spec. Publ., **44**: 17-40.

HEFFER, K. & BEVAN, T. (1990): Scaling relationships in natural fractures - data, theory and applications. - Proc. European Petrol. Conf., **2**: 367-376 (SPE paper No. 20981).

HEMPTON, M. R. & NEHER, K. (1986): Experimental fracture, strain and subsidence patterns over en-échelon strike-slip faults: implications for the structural evolution of pull-apart basins. - J. Struct. Geol., **8**: 597-605.

HIGGS, W. G., WILLIAMS, G. D. & POWELL, C. M. (1991): Evidence for flexural shear folding associated with extensional faults. - Geol. Soc. Am. Bull., **103**: 710-717.

HILDEBRAND-MITTLEFEHLDT, N. (1979): Deformation near a fault termination, Part I: A fault in a clay experiment. - Tectonophysics, **57**: 131-150.

HILDEBRAND-MITTLEFEHLDT, N. (1980): Deformation near a fault termination, Part II: A normal fault in shales. - Tectonophysics, **64**: 211-234.

HILLS, E. S. (1966): Elements of Structural Geology. - 483 S.; London (Science Paperbacks).

HINDLE, A. (1989): Downthrown traps of the NW Witch Ground Graben, UK North Sea. - J. Petrol. Geol., **12**: 405-418.

HIRATA, T. (1989): Fractal dimension of fault systems in Japan: fractal study in rock fracture geometry at various scales. - PAGEOPH, **131**: 157-170.

HOBBS, B. E., MEANS, W. D. & WILLIAMS, P. E. (1976): An Outline of Structural Geology. - 571 S.; New York (Wiley).

HOPPE, W., NEUMANN, H.-P., BADING, R., BODEMANN, W. & WECKER, H.-G. (1985): 3D-seismische Vermessung und Interpretation in einem produzierenden Erdöl- und Gasfeld in Nordwest-Deutschland. - Erdöl-Erdgas, **101. Jg.**, Heft 7/8, Juli/August 1985, S. 237-249.

HORSFIELD, W. T. (1977): An experimental approach to basement controlled faulting. - Geol. Mijnb., **56**: 363-370.

HORSFIELD, W. T. (1980): Contemporaneous movement along crossing conjugate normal faults. - J. Struct. Geol., **2**: 305-310.

HOSPERS, J. & HOLTHE, J. (1980): Salt tectonics in Block 8/8 of the Norwegian sector of the North sea. - Tectonophysics, **68**: 257-282.

HOSSACK, J. R. (1984): The geometry of listric growth faults in the Devonian basins of Sunnfjord, W Norway. - J. geol. Soc. Lond., **141**: 629-637.

HUBBERT, M. K. (1937): Theory of scale models as applied to the study of geologic structure. - Geol. Soc. Am. Bull., **48**: 1459-1520.

HUBBERT, M. K. (1951): Mechanical basis for certain familiar structures. - Geol. Soc. Am. Bull., **62**: 355-372.
HULL, J. (1988): Thickness-displacement relationships for deformation zones. - J. Struct. Geol., **10**: 431-435.
HUTCHINSON, D. R., KLITGORD, K. D. & DETRICK, R. S. (1986): Rift basins of the Long Island Platform. - Geol. Soc. Am. Bull., **97**: 688-702.
ILLIES, H. (1981): Mechanism of graben formation. - Tectonophysics, **73**: 249-266.
ILIFFE, J. E., LERCHE, I. & NAKAYAMA, K. (1992): Physical changes in fault blocks caused by rotation and their implications for hydrocarbon accumulations. - In Larsen, R. M., Brekke, H., Larsen, B. T. & Talleraas, E. (eds.): 'Structural and Tectonic Modelling and its Application to Petroleum Geology', Norwegian Petroleum Society (NPF) Spec. Publ., **1**: 253-267.
JACKSON, J. A. (1987): Active normal faulting and crustal extension. - In Coward, M. P., Dewey, J. F. & Hancock, P. L. (eds.): 'Continental Extensional Tectonics', Geol. Soc. Spec. Publ., **28**: 3-17.
JACKSON, J. A., KING, G. & VITA-FINZI, C. (1982): The neotectonics of the Aegean: an alternative view. - Earth. Planet. Sci. Lett., **61**: 303-318.
JACKSON, J. & MCKENZIE, D. (1983): The geometrical evolution of normal fault systems. - J. Struct. Geol., **5**: 471-482.
JACKSON, J. & WHITE, N. J. (1989): Normal faulting in the upper continental crust. - J. Struct. Geol., **11**: 15-36.
JACKSON, J., WHITE, N. J., GARFUNKEL, Z. & ANDERSON, H. (1988): Relations between normal-fault geometry, tilting and vertical motions in extensional terrains: an example from the southern Gulf of Suez. - J. Struct. Geol., **10**: 155-170.
JACKSON, P. (1987): The corrugation and bifurcation of fault surfaces by cross-slip. - J. Struct. Geol., **9**: 247-250.
JAEGER, J. C. & COOK, N. G. W. (1976): Fundamentals of Rock Mechanics (2nd ed.). - 513 S.; London (Chapman & Hall).
JAROSZEWSKI, W. (1984): Fault and Fold Tectonics. - Ellis Horwood series in geology, 565 S.; Chichester (Ellis Horwood).
JAMISON, W. R. (1989): Fault-fracture strain in Wingate sandstone. - J. Struct. Geol., **11**: 959-974.
JENYON, M. K. (1985): Fault-associated salt flow and mass movement. - J. geol. Soc. London, **142**: 547-553.
JENYON, M. K. (1986a): Some consequences of faulting in the presence of a salt rock interval. - J. Petrol. Geol., **9**: 29-52.
JENYON, M. K. (1986b): Salt tectonics. - 191 S.; London (Elsevier Applied Science Publishers).
JENYON, M. K. (1988a): Overburden deformation related to the pre-piercement development of salt structures in the North Sea. - J. geol. Soc. Lond., **145**: 445-454.
JENYON, M. K. (1988b): Seismic expression of salt dissolution-related features in the North Sea. - Bull. Can. Petrol. Geol., **36**: 274-283.
JENYON, M. K. (1988c): Fault-salt wall relationships, Southern North Sea. - Oil Gas J., 5 September, 76-81.
JENYON, M. K. (1990): Oil and Gas Traps. Aspects of their Seismostratigraphy, Morphology, and Development. - 398 S., Chichester (John Wiley and Sons).
JOHNSON, B. & BALLY, B. (eds.) (1986): Intraplate deformation: characteristics, processes and causes. - Tectonophysics, **132**: 1-278.
JONES, M. E. & ADDIS, M. A. (1984): Volume change during sediment diagenesis and the development of growth faults. - Mar. Petrol. Geol., **1**: 118-122.

JONES, W. B. (1988): Listric growth faults in the Kenya Rift Valley. - J. Struct. Geol., **10**: 661-672.

KALBITZ, J. (1988): Photogeologische Untersuchungen an Extensionsstrukturen. - Diplomarbeit Inst. f. Geol. u. Paläont. TU Clausthal, 46 S.; Clausthal-Zellerfeld.

KAUTZ, S. A. & SCLATER, J. G. (1988): Internal deformation in clay models of extension by block faulting. - Tectonics, **7**: 823-832.

KELLER, P. (1990): Geometric and kinematic model of bed length balanced graben structures. - Eclogae geol. Helv., **83**: 473-492.

KERR, H. & WHITE, N. (1992): Laboratory testing of an automatic method for determining normal fault geometry at depth. - J. Struct. Geol., **14**: 873-855.

KING, G. (1983): The accommodations of large strains in the upper lithosphere of the earth and other solids by self-similar fault systems: the geometrical origin of b-value. - PAGEOPH, **121**: 761-815.

KING, G. C. P. & ELLIS, M. (1990): The origin of large local uplift in extensional regions. - Nature, **348**: 689-693.

KLIGFIELD, R., CRESPI, J., NARUK, S. & DAVIS, G. H. (1984): Displacement and strain patterns of extensional orogens. - Tectonics, **3**: 577-609.

KLEMPERER, S. L. (1988): Crustal thinning and nature of extension in the northern North Sea from deep seismic reflection profiling. - Tectonics, **7**: 803-822.

KNIPE, R. J. (1986): Faulting mechanisms in slope sediments: Examples from Deep Sea Drilling Project cores. - Geol. Soc. Am. Mem., **166**: 45-54.

KOESTLER, A. G. & EHRMANN, W. U. (1991): Description of extensional features in chalk on the crest of a salt ridge (NWE Germany). - In Roberts, A. M., Yielding, G. & Freeman, B. (eds.): 'The Geometry of Normal Faults', Geol. Soc. Spec. Publ., **56**: 113-123.

KOOPMAN, A., SPEKSNIJDER, A. & HORSFIELD, W. T. (1987): Sandbox model studies of inversion tectonics. - Tectonophysics, **137**: 379-388.

KOSELUK, R. A. & BISHKE, R. E. (1981): An elastic rebound model for normal fault earthquakes. - J. Geophys. Res., **86**: 1081-1090.

KRANTZ, R. W. (1988): Multiple fault sets and three-dimensional strain: theory and application. - J. Struct. Geol., **10**: 225-237.

KRANTZ, R. W. (1989): Orthorhombic fault patterns: the odd axis model and slip vector orientations. - Tectonics, **8**: 483-495.

KRANTZ, R. W. (1991): Normal fault geometry and fault reactivation in tectonic inversion experiments. - In Roberts, A. M., Yielding, G. & Freeman, B. (eds.): 'The Geometry of Normal Faults', Geol. Soc. Spec. Publ., **56**: 219-229.

KRAUSSE, H.-F., PILGER, A., REIMER, V. & SCHÖNFELD, M. (1978): Bruchhafte Verformung. Erscheinungsbild und Deutung mit Übungsaufgaben. - Clausthaler Tektonische Hefte, **16**: 86 S.; Clausthal-Zellerfeld.

KRONBERG, P. (1991): Geometries of extensional fault systems, observed and mapped on aerial and satellite photographs of Central Afar (Ethiopia/Djibouti). - Geol. Mijnb., **70**: 145-161.

KUHL, H.-P. (1987): Experimente zur Grabentektonik und ihr Vergleich mit natürlichen Gräben. - Frankfurter geowiss. Arb., Serie A, **5**: 208 S.; Frankfurt.

KUSZNIR, N. J., MARSDEN, G. & EGAN, S. S. (1991): A flexural-cantilever simpleshear/pure shear model of continental lithosphere extension: applications to the Jeanne d'Arc Basin, Grand Banks and Viking Graben, North Sea. - In Roberts, A. M., Yielding, G. & Freeman, B. (eds): 'The Geometry of Normal Faults', Geol. Soc. Spec. Publ., **56**: 41-60.

LARSEN, P.-H. (1988): Relay structures in a Lower Permian basement-involved extension system, East Greenland. - J. Struct. Geol., **10**: 3-8.

LARSEN, R. M. & SKARPNES, O. (1984): Regional interpretation and hydrocarbon potential of the Traenabanken area. - In Spencer, A. M. (ed.): 'Petroleum Geology of the North European Margin', Norwegian Petroleum Society (Graham & Trotman), 217-236.

LAUBACH, S. E. & MARSHAK, S. (1987): Fault patterns generated during extensional deformation of crystalline basement, NW Scotland. - In Coward, M. P., Dewey, J. F. & Hancock, P. L. (eds.): 'Continental Extensional Tectonics', Geol. Soc. Spec. Publ. **28**, 495-499.

LAUBACH, S. E., VENDEVILLE, B. C. & REYNOLDS, S. J. (1992): Patterns in the development of extensional fault-block shapes from comparison of outcrop-scale faults and experimental models. - In Larsen, R. M., Brekke, H., Larsen, B. T. & Talleraas, E. (eds.): 'Structural and Tectonic Modelling and its Application to Petroleum Geology', Norwegian Petroleum Society (NPF) Spec. Publ., **1**: 231-241.

LAUBSCHER, H. P. (1982): Die Südostecke des Rheingrabens - ein kinematisches und dynamisches Problem. - Eclogae geol. Helv., **75**: 101-116.

LE PICHON, X. & COCHRAN, J. R. (eds.) (1988): The Gulf of Suez and Red Sea rifting. - Tectonophysics, Special Issue, **153**, 1-4.

LERCHE, I. & O'BRIEN, J. J. (1987): Dynamic geology of salt and related structures. - 832 S.; London (Academic Press).

LETOUZEY, J. (1990): Fault reactivation, inversion and fold-thrust belts. - In Letouzey, J. (ed.): 'Petroleum and Tectonics in Mobile Belts', IFP Editions Technip, Paris, 101-128.

LEWIS, K. B. (1971): Slumping on a continental slope inclined at 1-4 degrees. - Sedimentology, **16**: 97-110.

LIN, J. & PARMENTIER, E. M. (1988): Quasistatic propagation of a normal fault: a fracture mechanics model. - J. Struct. Geol. **10**: 249-262.

LISLE, R. J. (1985): The facing of faults. - Geol. Mag., **122**: 249-251.

LISTER, G. S. (1989): The origin of metamorphic core complexes. - J. Struct. Geol., **11**: 65-94.

LISTER, G. S. & DAVIS, G. A. (1989): The origin of metamorphic core complexes and detachment faults formed during Tertiary continental extension in the northern Colorado River region, USA. - J. Struct. Geol., **11**: 65-94.

LISTER, G. S., ETHERIDGE, M. A. & SYMONDS, P. A. (1986a): Detachment faulting and the evolution of passive continental margins. - Geology, **14**: 246-250.

LISTER, G. S., ETHERIDGE, M. A. & SYMONDS, P. A. (1986b): Reply to a comment on "Detachment faulting and the evolution of passive continental margins" by W. Bosworth. - Geology, **14**: 891-892.

LISTER, G. S., ETHERIDGE, M. A. & SYMONDS, P. A. (1991): Detachment models for the formation of passive margins. - Tectonics, **10**: 1038-1064.

LLOYD, G. E. & KNIPE, R. J. (1992): Deformation mechanisms accommodating faulting of quartzite under upper crustal conditions. - J. Struct. Geol., **14**: 127-143.

LOGAN, J. M., FRIEDMAN, M., HIGGS, N., DENGO, C. & SHIMAMOTO, T. (1978): Experimental studies of simulated gouge and their application to studies of natural fault zones. - U. S. G. S. Open File Rep., **78**: 305-343.

LOTZE, F. (1931): Das Falkenhagener Störungssystem. - Abh. preuss. geol. Landesanst., N.F., **128**: 38-128; Berlin.

LOTZE, F. (1931): Über Zerrungsformen. - Geol. Rdsch., **22**: 353-371.

LOVERING, T. S. (1928): The fracturing of incompetent beds. - J. Geology, **36**: 709-717.

MAIN, I. G., MEREDITH, P. G., SAMMONDS, P. R. & JONES, C. (1990): Influence of fractal flaw distributions on rock deformation in the brittle field. - In Knipe, R. J. & Rutter, E. H. (eds.): 'Deformation Mechanisms, Rheology and Tectonics', Geol. Soc. Spec. Publ., **54**: 81-96.

MANDL, G. (1987a): Discontinous fault zones. - J. Struct. Geol., **9**: 105-110.

MANDL, G. (1987b): Tectonic deformation of rotating parallel faults - the "bookshelf" mechanism. - Tectonophysics, **141**: 277-316.

MANDL, G. (1988): Mechanics of Tectonic Faulting. Models and Basic Concepts. - Developments in Structural Geology, **1**: 407 S.; Amsterdam (Elsevier).

MANDL, G. & CRANS, W. (1981): Gravitational gliding in deltas. - In McClay, K. & N. J. Price (eds.): 'Thrust and Nappe Tectonics', Geol. Soc. Spec. Publ., **9**: 41-55.

MANDL, G., DE JONG, L. N. J. & MALTHA, A. (1977): Shear zones in granular materials. - Rock Mech., **9**: 95-144.

MANN, P., HEMPTON, M. R., BRADLEY, D. C. & BURKE, K. (1983): Development of pull-apart basins. - J. Geol., **91**: 529-554.

MARRETT, R. & ALLMENDINGER, R. W. (1991): Estimates of strain due to brittle faulting: sampling of fault population. - J. Struct. Geol., **13**: 735-738.

MATTAUER, M. (1973): Les déformations des matériaux de l'écorce terrestre. - 493 S.; Paris (Hermann).

MCCAIG, A. (1988): Vector analysis of fault bends and intersecting faults. - J. Struct. Geol., **10**: 121-124.

MCCLAY, K. R. (1990): Extensional fault systems in sedimentary basins. A review of analogue model studies. - Mar. Petrol. Geol., **7**: 206-233.

MCCLAY, K. R. & ELLIS, P. G. (1987a): Analogue models of extensional fault geometries. - In Coward, M. P., Dewey, J. F. & Hancock, P. L. (eds.): 'Continental Extensional Tectonics', Geol. Soc. Spec. Publ., **28**: 109-125.

MCCLAY, K. R. & ELLIS, P. G. (1987b): Geometries of extensional fault systems in model experiments. - Geology, **15**: 341-344.

MCCLAY, K. R. & SCOTT, A. D. (1991): Experimental models of hangingwall deformation in ramp-flat listric extensional fault systems. - In Cobbold, P. R. (ed.): 'Experimental and Numerical Modelling of Continental Deformation', Tectonophysics, **188**: 85-96.

MCCLAY, K. R., WALTHAM, D. A., SCOTT, A. D. & ABOUSETTA, A. (1991): Physical and seismic modelling of listric fault geometries. - In Roberts, A. M., Yielding, G. & Freeman, B. (eds.): 'The Geometry of Normal Faults', Geol. Soc. Spec. Publ., **56**: 231-239.

MCCULLOCK, R. P. (1988): Differential fault-related early sedimentation, Bayou Hebert area, southwestern Louisiana. - AAPG Bull., **72**: 477-492.

MCGILL, G. E. & STROMQUIST, A. W. (1979): The grabens of Canyonlands National Park, Utah: geometry, mechanics, and kinematics. - J. Geophys. Res., **84**: 4547-4563.

MCKENZIE, D. P. & JACKSON, J. A. (1986): A block model of distributed deformation by faulting. - J. geol. Soc. Lond., **143**: 349-353.

MCKENZIE, D. P. & JACKSON, J. A. (1989): The kinematics and dynamics of distributed deformation. - In Kissel, C. & Laj., C. (eds.): 'Paleomagnetic Rotation and Continental Deformation', NATO ASI Series, Ser. C, **254**: 17-31; Dordrecht (Kluwer Academic Publishers).

MEIER, D. & KRONBERG, P. (1989): Klüftung in Sedimentgesteinen. Erscheinungsformen, Datenaufnahme, Datenbearbeitung, Interpretation. - 116 S.; Stuttgart (Ferdinand Enke Verlag).

MEIER, L. (1989): Ein Modell für die Tiefenstruktur und Kinematik im Bereich des nördlichen Rheingrabens. - Diss. Uni. Karlsruhe, 146 S.; Karlsruhe.

MERKI, P. (1972): Structural geology of the Cenozoic Niger Delta. - In Dessauvagie, T. F. J. & Whiteman, A. J. (eds.): 'African geology', Ibadan Univ. Press, 635-646.

MILANI, E. J. & DAVISON, I. (1988): Basement control and transfer tectonics in the Reconcavo-Tucano-Jatob rift, northeast Brazil. - Tectonophysics, **154**: 41-70.

MILLER, J. M. G. & JOHN, B. E. (1988): Detached strata in a Tertiary low-angle normal fault terrane: a sedimentary record of unroofing, breaching, and continued slip. - Geology, 16: 645-648.
MOGENSEN, T. E., KORSTGARD, J. A. & GEIL, K. (1992): Salt tectonics and faulting in the NE Danish Central graben. - In Spencer, A. M. (ed.): 'Generation, Accumulation and Production of Europe's Hydrocarbons II', Spec. Publ. European Ass. Petrol. Geoscientists, No. 2, 163-173; Berlin Heidelberg (Springer-Verlag).
MOHR, P. (1983): The Morton-Black hypothesis for the thinning of continental crust-revisited in western Afar. - Tectonophysics, 94: 509-528.
MORETTI, I. & COLLETTA, B. (1988): Fault-block tilting: the Gebel Zeit example, Gulf of Suez. - J. Struct. Geol., 10: 9-19.
MORETTI, I., COLLETTA, B. & VIALLY, R. (1988): Theoretical model of block rotation along circular faults. - Tectonophysics, 153: 313-320.
MORETTI, I., GUIHOT, P., MAISONDIEU, V. & RATINEAU, C. (1992): Geological deformation and restoration of depth seismic images: a case study from an inverted structure. - In Spencer, A. M. (ed.): 'Generation, Accumulation and Production of Europe's Hydrocarbons II', Spec. Publ. European Ass. Petrol. Geoscientists, No. 2, 249-254; Berlin Heidelberg (Springer-Verlag).
MORGAN, J. P., PARMENTIER, E. M. & LIN, J. (1987): Mechanisms for the origin of mid-ocean ridge axial topography: implications for the thermal and mechanical structure of accreting plate boundaries. - J. Geophys. Res., 92: 12823-12836.
MORLEY, C. K. (1988): Variable extension in Lake Tanganyika. - Tectonics, 7: 803-821.
MORLEY, C. K. (1989): Extension, detachments and sedimentation in continental rifts (with particular reference to east Africa). - Tectonics, 8: 1175-1192.
MORLEY, C. K., CUNNINGHAM, S. M., HARPER, R. M. & WESCOTT, W. A. (1992): Geology and geophysics of the Rukwa Rift, East Africa. - Tectonics, 11: 69-91.
MORLEY, C. K. NELSON, R. A. PATTON, T. L. & MUNN, S. G. (1990): Transfer zones in the East African rift system and their relevance to hydrocarbon exploration in rifts. - AAPG Bull., 74: 1234-1253.
MORTON, W. H. & BLACK, R. (1975): Crustal attenuation in Afar. - In Pilger, A. & Rösler, A. (eds.): 'The Afar Region of Ethiopia and Related Rift Problems', Inter-Union Commission on Geodynamics, Sci. Rep. No. 14, 55-65; Stuttgart (Schweizerbart).
MOUSTAFA, A. R. & ABD-ALLAH, A. M. (1992): Transfer zones with en echelon faulting at the northern end of the Suez Rift. - Tectonics, 11: 499-506.
MULUGETA, G. (1985): Dynamic models of continental rift valley systems. - Tectonophysics, 113: 49-73.
MURAOKA, H. & KAMATA, H. (1983): Displacement distribution along minor fault traces. - J. Struct. Geol., 5: 483-495.
MURAWSKI, H. (1976): Raumproblem und Bewegungsablauf an listrischen Flächen, insbesondere bei Tiefenstörungen. - N. Jb. Geol. Paläont. Mh., 4: 209-220; Stuttgart.
MURRELL, S. A. F. (1977): Natural faulting and the mechanics of brittle shear failure. - J. geol. Soc. Lond., 133: 175-189.
NARUK, S. J., BYKERK-KAUFFMANN, A., CURRIER-LEWIS, D., DAVIS, G. H., FAULDS, J. E. & LEWIS, S. W. (1986): Kink folding in an extended terrane: Tortilla Mountains, southeastern Arizona. - Geology, 14: 1012-1015.
NAYLOR, M. A., MANDL, G. & SIJPESTEIJN, C.H.K. (1986): Fault geometries in basement-induced wrench faulting under different initial stress states. - J. Struct. Geol., 8: 737-752.
NELSON, R. A., PATTON, T. L. & MORLEY, C. K. (1992): Rift-segment interaction and its relation to hydrocarbon exploration in continental rift systems. - AAPG Bull., 76: 1153-11169.

NEUGEBAUER, H. J. (1978): Crustal doming and the mechanisms of rifting. - Tectonophysics, **45**: 159-186.
NEUGEBAUER, H. J. & TEMME, P. (1981): Crustal uplift and the propagation of failure zones. - Tectonophysics, **74**: 33-51.
NUNNS, A. G. (1991): Structural restoration of seismic and geologic sections in extensional regimes. - AAPG Bull., **75**: 278-297.
NUR, A., RON, H. & SCOTTI, O. (1986): Fault mechanics and the kinematics of block rotations. - Geology, **14**: 746-749.
ODONNE, F. (1990): The control of deformation intensity around a fault: natural and experimental examples. - J. Struct. Geol., **12**: 911-921.
ODONNE, F. & MASSONNAT, G. (1992): Volume loss and deformation around conjugate fractures: comparison between a natural example and analogue experiments. - J. Struct. Geol., **14**: 963-972.
OERTEL, G. (1965): The mechanism of faulting in clay experiments. - Tectonophysics., **2**: 343-393.
OKEREKE, C. S. (1988): Contrasting modes of rifting: the Benue trough and Cameroon volcanic line, west Africa. - Tectonics, **7**: 803-821.
OLSEN, K. H., BALDRIGDE, W. W. & CALLENDER, J. F. (1987): Rio Grande Rift: an overview. - Tectonophysics, **143**: 119-139.
OLSON, J. E. & POLLARD, D. D. (1991): The initiation and growth of en échelon veins. - J. Struct. Geol., **13**: 595-608.
O'NEILL, R. I. & PAVLIS, T. L. (1988): Superpostion of Cenozoic extension on Mesozoic compressional structures in the Pioneer Mountains metamorphic core complex, central Idaho. - Geol. Soc. Am. Bull., **100**: 1833-1845.
OTSUKI, K. (1978): On the relationship between the width of shear zone and the displacement along fault. - J. geol. Soc. Japan, **84**: 661-669.
PARKER, J. M. (1967): Salt solution and subsidence structures, Wyoming, North Dakota, and Montana. - AAPG Bull., **35**: 2076-2086.
PARKER, T. J. & MCDOWELL, A. N. (1955): Model studies of saltdome tectonics. - AAPG Bull., **39**: 2384-2470.
PARSLEY, A. J. (1984): North Sea hydrocarbon plays. - In K. W. Glennie (ed.): 'Introduction to the petroleum geology of the North Sea'; 205-230; Palo Alto, California (Blackwell Scientific Publications).
PEACOCK, D. C. P. & SANDERSON, D. J. (1991): Displacements, segment linkage and relay ramps in normal fault zones. - J. Struct. Geol. **13**, 721-733
PEACOCK, D. C. P. & SANDERSON, D. J. (1992): Effects of layering and anisotropy on fault geometry. - J. geol. Soc. Lond., **149**: 793-802.
PETERSEN, K., CLAUSEN, O. R. & KORSTGARD, J. A. (1992): Evolution of a salt-related listric growth fault near the D-1, block 5605, Danish North Sea: displacement history and salt kinematics. - J. Struct. Geol., **14**: 565-577.
PETIT, J.-P. (1987): Criteria for the sense of movement on fault surfaces in brittle rocks. - J. Struct. Geol., **9**: 597-608.
PETIT, J.-P. & BARQUINS, M. (1988): Can natural faults propagate under mode II conditions ? - Tectonics, **7**: 1243-1256.
PHILIPP, W. (1989): Zur Strukturgeschichte und Lagerstättenbildung der Südoldenburger Leangasfelder Hengstlage Nord, Sage und Sagermeer. - Erdöl Erdgas Kohle, **105**: 209-210.
PITTMAN, E. D. (1981): Effect of fault-related granulation on porosity and permeability of quartz sandstones, Simpson Group (Ordovician), Oklahoma. - AAPG Bull., **65**: 2381-2387.

PLATT, J. P. (1986): Dynamics of orogenic wedges and the uplift of high-pressure metamorphic rocks. - Geol. Soc. Am. Bull., **97**: 1037-1053.
POLLARD, D. & AYDIN, A. (1988): Progress in understanding jointing over the past century. - Bull. Geol. Soc. Am., **100**: 1181-1204.
POLLARD, D. D. & AYDIN, A. (1984): Propagation and linkage of oceanic ridge segments. - J. Geophys. Res., **89**: 10017-10028.
POTTER, C. J., LIU, C.-S., HUANG, J., ZHENG, L., HAUGE, T. A., HAUSER, E. C., ALLMENDINGER, R. W., OLIVER, J. E., KAUFMAN, S. & BROWN, L. (1986): Crustal structure of north-central Nevada: results from COCORP deep seismic profiling. - Tectonics, **5**: 1007-1025.
POWELL, C. M. (1989): Structural controls on Palaeozoic basin evolution and inversion in southwest Wales. - J. geol. Soc. Lond., **146**: 439-446.
POWELL, C. M., WILLIAMS, G. D. & SEAGO, R. D. (1988): Using pre-existing cleavage to define extensional fault geometries: an example from Glacier National Park, Montana. - Geology, **16**: 878-880.
POWER, W. L., TULLIS, T. E. & WEEKS, J. D. (1988): Roughness and wear during brittle faulting. - J. Geophys. Res., **93**: 15268-15278.
PRICE, N. J. (1977): Aspects of gravity tectonics with special reference to the development of listric faults. - J. geol. Soc. Lond., **133**: 311-327.
PRICE, N. J. & AUDLEY-CHARLES, M. G. (1987): Tectonic collision processes after plate rupture. - Tectonophysics, **140**: 121-129.
PRICE, N. J. & COSGROVE, J. W. (1990): Analysis of geological structures. - 502 S., Cambridge University Press.
PROFETT, J. M., JR. (1977): Cenozoic geology of the Yerington district, Nevada, and implications for the nature and origin of Basin and Range faulting. - Bull. geol. Soc. Am., **88**: 247-266.
RAMBERG, I. B. & SMITHSON, S. B. (1975): Grided fault pattern in a late cenozoic and palaeozoic continental rift. - Geology, **3**: 201-205.
RAMSAY, J. G. & HUBER, M. I. (1983): The Techniques of Modern Structural Geology, Volume I. Strain Analysis. - S. 1-307; London (Academic Press).
RAMSAY, J. G. & HUBER, M. I. (1987): The Techniques of Modern Structural Geology, Volume II. Folds and Fractures. - S. 308-700; London (Academic Press).
RAMSAY J. G. & WOOD, D. (1973): The geometric effects of volume change during deformation processes. - Tectonophysics, **16**: 263-277.
RECHES, Z. (1978): Analysis of faulting in three-dimensional strain field. - Tectonophysics, **47**: 109-129.
REID, I. D. & KEEN, C. E. (1990): Deep crustal structure beneath a rifted basin: results from seismic refraction measurements across the Jeanne d'Arc Basin, offshore eastern Canada. - Can. J. Earth Sci., **27**: 1461-1472.
RIDER, M. H. (1978): Growth faults in western Ireland. - AAPG Bull., **62**: 2191-2213.
RING, U., BETZLER, C. & DELVAUX, D. (1992): Normal vs. strike-slip faulting during rift development in East Africa: the Malawi Rift. - Geology, **20**: 1015-1018.
RIPPON, J. H. (1985): Contoured patterns of the throw and hade of normal faults in the coal measures (Westphalian) of north-east Derbyshire. - Proc. Yorkshire Geol. Soc., **45**: 147-161.
ROBERTS, A. M. & YIELDING, G. (1991): Deformation around basin-margin faults in the North Sea/mid-Norway rift. - In Roberts, A. M., Yielding, G. & Freeman, B. (eds.): 'The Geometry of Normal Faults', Geol. Soc. Spec. Publ., **56**: 61-78.
ROBERTSON, E. G. (1983): Relationship of fault displacement to gouge and breccia thickness. - Min. Engng., **35**: 1426-1432.

ROLL, A. (1974): Langfristige Reduktion der Mächtigkeit von Sedimentgesteinen und ihre Auswirkungen - eine Übersicht. - Geol. Jb. **A14**, 76 S.; Hannover.

ROOT, K. G. (1990): Extensional duplex in the Purcell Mountains of southeastern British Columbia. - Geology: **18**: 419-421.

ROSENDAHL, B. R. (1987): Architecture of continental rifts with special reference to East Africa. - Annual Review of Earth and Planetary Science, **15**: 445-503.

ROSENDAHL, B. R., REYNOLDS, D. J., LORBER, P. M., BURGESS, C. F., MCGILL, J., SCOTT, D., LAMBIASE, J. J. & DERKSEN, S. J. (1986): Structural expressions of rifting: lessons from Lake Tanganyika, Africa. - In Frostick, L. E., Renaut, R. W., Reid, I. & Tiercelin, J.-J. (eds.): 'Sedimentation in the African Rifts', Geol. Soc. Spec. Publ., **25**, 29-43.

ROURE, F., BRUN, J.-P., COLLETTA, B. & VAN DEN DRIESSCHE, J. (1992): Geometry and kinematics of extensional structures in the Alpine Foreland Basin of southeastern France. - J. Struct. Geol., **14**: 503-519.

ROUX, W. F., JR. (1979): The development of growth fault structures. - AAPG Structural Geology School Course Notes, **33**.

ROWAN, M. G. & KLIGFIELD, R. (1989): Cross section restoration and balancing as aid to seismic interpretation in extensional terranes. - AAPG Bull., **73**: 955-966.

RUBIN, A. M. & POLLARD, D. D. (1988): Dike-induced faulting in rift zones of Iceland and Afar. - Geology, **16**: 413-417.

SAMMIS, C. G., OSBORNE, R. H., ANDERSON, J. L., BANERDT, M. & WHITE, P. (1986): Self-similar cataclasis in the formation of fault-gouge. - PAGEOPH, **124**: 53-78.

SALTZER, S. D. & POLLARD, D. D. (1992): Distinct element modeling of structures formed in sedimentary overburden by extensional reactivation of basement normal faults. - Tectonics, **11**: 165-174.

SANFORD, A. R. (1959): Analytical and experimental study of simple geological structures. - Geol. Soc. Am. Bull., **70**: 19-52.

SAVAGE, J. C. & HASTIE, L. M. (1966): Surface deformation associated with dip-slip faulting. - J. Geophys. Res., **71**: 4897-4904.

SCHMIDT-THOME, P. (1972): Lehrbuch der Allgemeinen Geologie, Bd. II, Tektonik. - 579 S.; Stuttgart (Enke).

SCHMITZ, J. & FLIXEDER, F. (1993): Structure of a classic chalk oilfield and production enhancement by horizontal drilling. - EAPG Spec. Publ., No. 3 (im Druck).

SCHOLZ, C. H. (1987): Wear and gouge formation in brittle faulting. - Geology, **15**: 493-495.

SCHOLZ, C. H. & AVILES, C. A. (1986): The fractal geometry of faults and faulting. - In Das, S., Boatwright, J. & Scholz, C.: 'Earthquake Source Mechanics', Am. Geophys. Union Geophys. Monogr., **37**: 147-155.

SCLATER, J. G. & CÉLÉRIER, B. (1987): Extensional models for the formation of sedimentary basins and continental margins. - Norsk Geol. Tidsskr., **67**: 253-267.

SCLATER, J. G. & CÉLÉRIER, B. (1988): Errors in extension measurements from planar faults observed on seismic reflection lines. - Basin Res., **1**: 217-221.

SCOTT, D. L. & ETHERIDGE, M. A. (1992): Oblique-slip deformation in extensional terrains: a case study of the Lakes Tanganyika and Malawi rift zones. - Tectonics, **11**: 998-1009.

SCOTT, D. L. & ROSENDAHL, B. R. (1989): North Viking Graben: An East African Perspective. - AAPG Bull., **73**: 155-165.

SENGÖR, A. M. C. (1987): Cross-faults and differential stretching of hanging walls in regions of low-angle normal faulting: examples from western Turkey. - In Coward, M. P., Dewey, J. F. & Hancock, P. L. (eds.): 'Continental Extensional Tectonics', Geol. Soc. Spec. Publ., **28**: 575-589.

SERRA, S. & NELSON, R. A. (1988): Clay modeling of rift asymmetry and associated structures. - Tectonophysics, **153**: 307-312.
SHELTON, J. W. (1984): Listric normal faults: an illustrated summary. - AAPG Bull., **68**: 801-815.
SHOTTON, F. W. (1965): Normal faulting in British Pleistocene deposits. - Q. J. geol. Soc. Lond., **121**: 419-434.
SIBSON, R. H. (1985a): Stopping of earthquake ruptures at dilational fault jogs. - Nature, v. **316**: 248-251.
SIBSON, R. H. (1985b): A note on fault reactivation. - J. Struct. Geol., **7**: 751-754.
SIBSON, R. H. (1986): Brecciation processes in fault zones: inferences from earthquake rupturing. - PAGEOPH, **124**: 159-175.
SIBSON, R. H. (1989): Earthquake faulting as a structural process. - J. Struct. Geol., **11**: 1-14.
SMITH, D. A. (1966): Theoretical considerations of sealing and non-sealing faults. - AAPG Bull., **50**: 363-374.
SMITH, D. A. (1980): Sealing and non-sealing faults in Louisiana Gulf Coast basin. - AAPG Bull., **64**: 145-172.
SMITH, R. B. & BRUHN, R. L. (1984): Intraplate extensional tectonics of the eastern Basin-Range: inferences on structural style from seismic reflection data, regional tectonics and thermal-mechanical models of brittle-ductile deformation. - J. Geophys. Res., **89**: 5733-5672.
SPEKSNIJDER, A. (1987): The structural configuration of Cormorant Block IV in context of Northern Viking Graben structural framework. - Geol. Mijnb., **65**: 357-379.
SPENCER, J. E. (1984): Role of tectonic denudation in warping and uplift of low-angle normal faults. - Geology, **12**: 95-98.
STEIN, R. S. & BARRIENTOS, S. E. (1985): The Borah Peak, Idaho, earthquake; geodetic evidence for deep rupture on a planar fault. - U. S. Geol. Surv. Open File Report **85-290**, 459-484.
STEIN, R. S., KING, G. C. P. & RUNDLE, J. B. (1988): The growth of geological structures by repeated earthquakes: 2. field examples of continental dip-slip faults. - J. Geophys. Res., **93**: 13319-13331.
STEPHAN, H.-J. (1974): Sedimentation auf Toteis in Schleswig-Holstein, diskutiert anhand einiger Beispiele. - Meyniana, **25**: 95-100; Kiel.
STEWART, I. S. & HANCOCK, P. L. (1989): Normal fault zone evolution and fault scarp degradation in the Aegean region. - Basin Research, **1**: 139-153.
STEWART, J. H. (1980): Regional tilt patterns of late Cenozoic basin-range fault blocks, western United States. - Geol. Soc. Am. Bull., **91**: 460-464.
STOCK, J. M. & HODGES, K. V. (1990): Miocene to recent structural development of an extensional accommodation zone, northeastern Baja California, Mexico. - J. Struct. Geol., **12**: 315-328.
STONELEY, T. (1982): The structural development of the Wessex Basin. - J. geol. Soc. Lond., **139**: 543-554.
STRECKER, M. R., BLISNIUK, P. M. & EISBACHER, G. H. (1990): Rotation of extension direction in the central Kenya rift. - Geology, **18**: 299-302.
SUPPE, J. (1983): Geometry and kinematics of fault-bend folding. - Am. J. Sci., **283**: 684-721.
SUPPE, J. (1985): Principles of Structural Geology. - 573 S.; New Yersey (Prentice-Hall).
SUPPE, J. (1986): Reactivated normal faults in the western Taiwan fold-and-thrust belt. - Mem. Geol. Soc. China, **7**: 187-200.
SUPPE, J. & MEDWEDEFF, D. A. (1990): Geometry and kinematics of fault-propagation folding. - Eclogae geol. Helv., **83**: 409-454.

SYLVESTER, A. G. (1988): Strike-slip faults. - Geol. Soc. Am. Bull., **100**: 1666-1703.
TANKARD, A. J. & BALKWILL, H. R. (eds.) (1989): Extensional tectonics and stratigraphy of the North Atlantic margins. - AAPG Memoir, **46**.
THATCHER, W. & HILL, D. P. (1991): Fault orientations in extensional and conjugate strike-slip environments and their implications. - Geology, **19**: 1116-1120.
THOMPSON, G. A. (1960): Problem of late Cenozoic structure of the Basin Ranges. - Proc. 21st Intern. Geol. Congr., **18**: 62-68; Kopenhagen.
TIBALDI, A. (1989): The Pleistocene fault pattern in Northern Michoacan, Mexico: an example of three-dimensional strain. - Annales Tectonicae, **3**: 34-43.
TIERCELIN, J. J., CHOROWICZ, J., BELLON, H., RICHERT, J. P., MWANBENE, J. T. & WALGENWITZ, F. (1988): East African rift system: offset, age and tectonic significance of the Tanganyika-Rukwa-Malawi intracontinental transcurrent fault zone. - Tectonophysics, **148**: 241-252.
TRON, V. & BRUN, J. P (1991): Experiments on oblique rifting in brittle-ductile systems. - Tectonophysics, **188**: 71-84.
TUCKER, D. R. (1968): Lower Cretaceous geology, northwestern Karnes County, Texas. - AAPG Bull., **52**: 820-851.
TURKO, J. M. & KNUEPFER, P. L. K. (1991): Late Quaternary fault segmentation from analysis of scarp morphology. - Geology, **19**: 718-721.
UNDERHILL, J. R. & WOODCOCK, N. H. (1987): Faulting mechanisms in high-porosity sandstones; New Red Sandstone, Arran, Scotland. - In Jones, M. E. & Preston, R. M. F.: 'Deformation of Sediments and Sedimentary Rocks', Geol. Soc. Spec. Publ. **29**: 91-105.
VANARSDALE, R. B. & SCHWEIG, E. S. (1990): Subsurface structure of the eastern Arkoma basin. - AAPG Bull., **74**: 1030-1037.
VAN HOORN, B. (1987a): Structural evolution, timing and tectonic style of the Sole Pit inversion. - J. Struct. Geol., **137**: 239-284.
VAN HOORN, B. (1987b): The South Celtic Sea/Bristol Channel basin: origin, deformation and inversion history. - Tectonophysics, **137**: 309-334.
VAN WIJHE, D. H. (1987): Structural evolution of inverted basins in the Dutch offshore. - Tectonophysics, **137**: 171-219.
VENDEVILLE, B. (1988): Modèles expérimentaux de fracturation de la couverture contrôlée par des failles normales dans le socle. - C. R. Acad. Sci., **307**, sér. II, 1013-1019.
VENDEVILLE, B. (1991): Mechanisms generating normal fault curvature: a review illustrated by physical models. - In Roberts, A. M., Yielding, G. & Freeman, B. (eds.): 'The Geometry of Normal Faults', Geol. Soc. Spec. Publ., **56**: 241-250.
VENDEVILLE, B. & COBBOLD, P. R. (1987): Glissements gravitaires synsédimentaires et failles normales listriques: modèles expérimentaux. - C. R. Acad. Sci., **305**, II: 1313-1319.
VENDEVILLE, B. & COBBOLD, P. R. (1988): How normal faulting and sedimentation interact to produce listric fault profiles and stratigraphic wedges. - J. Struct. Geol, **10**: 649-659.
VENDEVILLE, B., COBBOLD, P. R., DAVY, P., BRUN, J. P. & CHOUKROUNE, P. (1987): Physical models of extensional tectonics at various scales. - In Coward, M. P., Dewey, J. F. & Hancock, P. L. (eds.): 'Continental Extensional Tectonics', Geol. Soc. Spec. Publ., **28**: 95-107.
VERRALL, P. (1981): Structural interpretation with application to North Sea problems. - Joint Association of of Petroleum Exploration Courses (JAPEC), London, Course Notes No. 3.
VERSFELT, J. & ROSENDAHL, B. R. (1989): Relationships between pre-rift structure and rift architecture in Lakes Tanganyika and Malawi, east Africa. - Nature, **337**: 354-357.

VIGNERESSE, J. L. (1988): Heat flow, heat production and crustal structure in peri-Atlantic regions. - Earth Planet. Sci. Lett., **87**: 303-312.
VOGGENREITER, W., HÖTZL, H. & MECHIE, J. (1988): Low-angle detachment origin for the Red Sea Rift System. - Tectonophysics, **150**: 51-75.
VOIGT, E. (1936): Die Lackfilmmethode, ihre Bedeutung und Anwendung in der Paläontologie, Sedimentpetrographie und Bodenkunde. - Z. dt. Geol. Ges., **88**: 272-292.
VOOGD, B., DE SERPA, L. & BROWN, L. (1988): Crustal extension and magmatic processes: COCORP profiles from Death Valley and the Rio Grande Rift. - Geol. Soc. Am. Bull., **100**: 1550-1567.
WALLACE, W. E., JR. (1944): Structure of South Louisiana deep-seated domes. - AAPG Bull., **28**: 1249-1312.
WALSH, J. J. & WATTERSON, J. (1987a): Distributions of cumulative displacement and seismic slip on a single normal fault surface. - J. Struct. Geol., **9**: 1039-1046.
WALSH, J. J. & WATTERSON, J. (1987b): Displacement efficiency of faults and fractures: discussion. - J. Struct. Geol., **9**: 1051-1052.
WALSH, J. J. & WATTERSON, J. (1988a): Analysis of the relationship between displacements and dimensions of faults. - J. Struct. Geol., **10**: 239-247.
WALSH, J. J. & WATTERSON, J. (1988b): Dips of normal faults in British Coal Measures and other sedimentary sequences. - J. geol. Soc. Lond., **145**: 859-873.
WALSH, J. J. & WATTERSON, J. (1989): Displacement gradients on fault surfaces. - J. Struct. Geol., **11**: 307-316.
WALSH, J. J. & WATTERSON, J. (1990): New methods of fault projection for coalmine planing. - Proc. Yorks. geol. Soc., **48**: 209-219.
WALSH, J. J. & WATTERSON, J. (1991a): Geometric and kinematic coherence and scale effects in normal fault systems. - In Roberts, A. M., Yielding, G. & Freeman, B. (eds.): 'The Geometry of Normal Faults', Geol. Soc. Spec. Publ., **56**: 193-203.
WALSH, J. J. WATTERSON, J. & YIELDING, G. (1991b): The importance of small scale faulting in regional extension. - Nature, **351**: 391-393.
WALSH, J. J. & WATTERSON, J. (1992): Populations of faults and fault displacements and their effects on estimates of fault-related regional extension. - J. Struct. Geol., **14**: 701-712.
WALTHAM, D. (1989): Finite difference modelling of hanging wall deformation. - J. Struct. Geol., **11**: 433-437.
WATTERSON, J. (1986): Fault dimensions, displacement and growth. - PAGEOPH, Vol. **124**, 365-373.
WATTS, A. B. (1988): Gravity anomalies, crustal structure and flexure of the lithosphere at the Baltimore Canyon Trough. - Earth Planet. Sci. Lett., **89**: 221-238.
WEBER, K. J. (1987): Hydrocarbon distribution patterns in Nigerian growth fault structures controlled by structural style and stratigraphy. - J. Petrol. Sci. Engin., **1**: 91-104.
WEISSEL, J. K. & KARNER, G. D. (1989): Flexural uplift of rift flanks due to mechanical unloading of the lithosphere during extension. - J. Geophys. Res., **94**: 13919-13950.
WERNICKE, B. (1981): Low-angle normal faults in the Basin and Range province: Nappe tectonics in an extending orogen. - Nature, **291**: 645-648.
WERNICKE, B. (1985): Uniform normal-sense simple shear of the continental lithosphere. - Can. J. Earth Sci., **22**: 108-125.
WERNICKE, B. & AXEN, G. J. (1985): On the role of isostasy in the evolution of normal fault systems. - Geology, **16**: 848-851.
WERNICKE, B., AXEN, G. J. & SNOW, J. K. (1988): Basin and Range extensional tectonics at the lattitude of Las Vegas, Nevada. - Bull. Geol. Soc. Am., **100**: 1738-1757.
WERNICKE, B. & BURCHFIEL, B. C. (1982): Modes of extensional tectonics. - J. Struct. Geol., **4**: 105-115.

WESTAWAY, R. (1991): Continental extension on sets of parallel faults: observational evidence and theoretical models. - In Roberts, A. M., Yielding, G. & Freeman, B. (eds.): 'The Geometry of Normal Faults', Geol. Soc. Spec. Publ., **56**: 143-169.

WESTAWAY, R. (1991): Analysis of tilting near normal faults using calculus of variations: implications for upper crustal stress and rheology. - J. Struct. Geol., **14**: 857-871.

WHEELER, J. (1987): Variable-heave models of deformation above listric normal faults: the importance of area conservation. - J. Struct. Geol., **9**: 1047-1049.

WHITE, N. (1987): Constraints on the measurement of extension in the brittle upper crust. - Norsk Geol. Tidsskr., **67**: 269-279.

WHITE, N. (1992): Determining normal fault geometry. - J. Geophys. Res., **97**: 1715-1733.

WHITE, N. J., JACKSON, J. A. & MCKENZIE, D. P. (1986): The relationship between the geometry of normal faults and that of the sedimentary layers in their hanging walls. - J. Struct. Geol., **8**: 897-909.

WHITE, N. J. & YIELDING, G. (1991): Calculating normal fault geometries at depth: theory and examples. - In Roberts, A. M., Yielding, G. & Freeman, B. (eds.): 'The Geometry of Normal Faults', Geol. Soc. Spec. Publ., **56**: 251-260.

WHITE, S. H., BRETAN, P. G. (1985): Rheological controls on the geometry of deep faults and the tectonic delamination of the continental crust. - Tectonics, **4**: 303-309.

WHITE, S. H., BRETAN, P. G. & RUTTER, E. H. (1986): Fault-zone reactivation: kinematics and mechanisms. - Phil. Trans. R. Soc. Lond., **A317**: 81-97.

WILCOX, R. E., HARDING, T. P. & SEELY, D. R. (1973): Basic wrench tectonics. - AAPG Bull., **57**: 74-96.

WILLIAMS, G. & CHAPMAN, I. (1983): Strains developed in the hangingwalls of thrusts due to their slip/propagation rate: a dislocation model. - J. Struct. Geol., **5**: 563-571.

WILLIAMS, G. D., POWELL, C. M. & COOPER, M. A. (1989): Geometry and kinematics of inversion tectonics. - In Cooper, M. A. & Williams, G. D. (eds.): 'Inversion Tectonics', Geol. Soc. Spec. Publ., **44**: 3-16.

WILLIAMS, G. & VANN, I. (1987): The geometry of listric normal faults and deformation in their hangingwalls. - J. Struct. Geol., **9**: 789-795.

WISE, D. U., DUNN, D. E., ENGELDER, J. T., GEISER, P. A., HATCHER, R. D. JR., KISH, S. A., ODOM, A. L. & SCHAMEL, S. (1984): Fault-related rocks: suggestions for terminology. - Geology, **12**: 391-394.

WITHJACK, M. O. & JAMISON, W. R. (1986): Deformation produced by oblique rifting. - Tectonophysics, **12**: 99-124.

WITHJACK, M. O., MEISLING, K. E. & RUSSELL, L. R. (1989): Forced folding and basement-detached normal-faulting in the Haltenbanken area, offshore Norway. - In Tankard, A J. & Balkwill, H. R. (eds.): 'Extensional tectonics and stratigraphy of the North Atlantic margins', AAPG Memoir, **46**: 567-575.

WITHJACK, M. O., OLSON, J. & PETERSON, E. (1990): Experimental models of extensional forced folds. - AAPG Bull., **74**: 1038-1054.

WITHJACK, M. O. & POLLOCK, D. J. D. (1984): Synthetic seismic-reflection profiles of rift-related structures. - AAPG Bull., **68**: 1160-1178.

WITHJACK, M. O. & SCHEINER, C. (1982): Fault patterns associated with domes. An experimental and analytical study. - AAPG Bull., **66**: 302-316.

WITLOX, H. W. M. (1986): Finite element simulation of basal extension faulting within a sediment overburden. - Proc. Europ. Conf. Numerical Methods un Geomechanics. - Vol. 2; Stuttgart.

WREDE, V. (1993): Störungstektonik im Ruhrkarbon. - Z. angew. Geol. (im Druck).

WUNDERLICH, H. G. (1957): Brüche und Gräben im tektonischen Experiment. - N. Jb. Geol. Paläont., Mh., **11**: 477-498.

WURSTER, P. (1953): Ablauf einer einfachen Abschiebung. - N. Jb. Geol. Paläont., Mh., Jg. **1953**, 391-399.

XIAO, H.-B. & SUPPE, J. (1989): Role of compaction in listric shape of growth normal faults. - AAPG Bull., **73**: 777-786.

YIELDING, G. (1990): Footwall uplift associated with Late Jurassic normal faulting in the northern North Sea. - J. geol. Soc. Lond., **147**: 219-222.

YIN, A. (1989): Origin of regional, rooted low-angle faults: a mechanical model and its tectonic implications. - Tectonics, **8**: 469-482.

ZANDT, G. & OWENS, T. J. (1980): Crustal flexure associated with normal faulting and implications for seismicity along the Wasatch front, Utah. - Bull. Seism. Soc. Am., **70**: 1501-1520.

ZHAO, G. & JOHNSON, A. M. (1991): Sequential and incremental formation of conjugate sets of faults. - J. Struct. Geol., **13**: 887-895.

ZIEGLER, P. (1982): Faulting and graben formation in western and central Europe. - Phil. Trans. R. Soc. London, **A 305**, 113-143.

ZIEGLER, P. A. (1987): Compressional intra-plate deformations in the Alpine foreland. - Tectonophysics, **137**: 221-238.

ZIEGLER, P. A. (1988): Evolution of the Arctic-North Atlantic and the western Tethys. - AAPG Memoir, **43**: 186. S.

Sachregister

Abrißpunkt 25
Abrißzone 9
Abscherhorizont 9
Abschiebung 1
Akkomodationszone 96
Aufdomung 12, 106
Aufschiebung 1, 62, 92
Auslaugung 16
Krümmung 45
- befreiende 17
- blockierende 59
Blattverschiebung 1
Brekzie 32, 52
Bruchursprung 32
Bruchzentrum 32, 39
Computer-Tomographie 18
D/D-Diagramm 28
Deformationspfad 2
Differentialspannung 3, 10, 12
Dilatanz 31
divergente Staffelung 17
Domino-Modell 66
Drehachse 63
Drucklösung 33
duktiles Verhalten 6
durchbrechende Überschiebung 116
Effektivspannung 11
Einfallswinkel
- wahrer 107
- scheinbarer 107
Entkopplung 7, 76
Extension 4, 5
- relative 6
Extensionsbetrag 58, 69, 71
Flexur 50, 83
- antithetische 28, 87
Fuß 9
Graben 55, 74
Halbgraben 55, 87
Hangendscholle 1
Hauptabschiebung 55
Hauptspannung 3, 10

Inversion 110
Hebung einer Gesteinsscholle 35, 70
Horst 55, 74
Implosionsbrekzie 52
inhomogenes Spannungsfeld 105
inkompetent 7
Kippung 65, 67
Kluft 1, 40, 101
Knickband 59
Kollapsstruktur 94
Kompaktion 17, 47, 71, 96
kompetent 7
Kreuzlinie 30
Kreuzung von Störungen 78
Lackfilm 19
Liegendscholle 1
mechanische Erosion 52, 62, 70
Mikrobrekzie 32
Mikroriß 31
Modellrechnung 19
Modellversuch 10, 12, 18, 62, 84, 94, 98, 101, 106, 114
MOHRscher Spannungskreis 11
Nullpunkt 113
Pitch-Winkel 30
Polaritätswechsel 100
Pop-up-Struktur 115
Porendruck 11, 92
Primärstörung 55
Profilwinkel 107
Querstörung 31
Rampe 62, 96, 100
Raumproblem 57, 65, 70
Reaktivierung 44, 59, 99, 113
Rift 14
Riftasymmetrie 98
Rißausbreitung 33
- asymmetrische 36
- symmetrische 36
Rißfront 25, 32, 50
Rollover 88, 100
Rücküberschiebung 115

Salzstock 106
Scharnierzone 71
scheinbare Mächtigkeit 108
Scherbruch 3, 34
Scherentfestigung 32
Scherfestigkeit 45
Scherkluft 34
Schleppung 83, 111
Schnitteffekt 107
Schollenrotation 44, 63, 65, 67
Schollentreppe 55
Schrägabschiebung 99
Sedimentkeil 96
Seitendruck 10, 57
seitliche Abdichtung 52
Sekundärstörung 55
Spannungssperre 14
sprödes Verhalten 6
Staffelbruch 55
Störung 1
- antithetische 55, 57, 65, 89, 92, 115
- gebogene 67, 76
- konjugierte 3, 74, 76
- listrische 30, 45, 87, 99, 115
- synsedimentäre 16, 43, 46, 113
- synthetische 55, 62, 89
- zirkulare 67, 70
Störungsellipse 25
Störungsfläche 33
Störungspermeabilität 22, 52
Störungssegment 39, 46, 48
Störungsspur 25
Störungszone 1
Striemung 52, 204
Termination 50
Transferstörung 97
Transferzone 96
Transformstörung 101
Transtension 17
Trennbruch 34, 40
Überschiebung 1, 115, 116
Versatz 1, 2
Verschiebungsgradient 28, 36
Verschiebungvektor 1, 2
Zweigabschiebung 50

Englische Bezeichnungen

accommodation zone 96
backthrust 115
balancing 83
bend
- releasing 17
- restraining 59
bookshelf mechanism 67
box-fault system 97
brittle 4
buttress 115
clay smearing 52
confining pressure 3
crestal collapse graben 94
cross-over zone 78
cross section restoration 89
cut-off line 30
cutoff point 25
decoupling 7
deformation path 2
detachment 9, 87
differential compaction 17
differential stress 3
displacement 1
displacement-distance-diagram 28
displacement gradient 28
doming 16
domino style 67
ductile 6
extensional forced fold 50, 84
extensional tectonics 4
fault 1
- antithetic 55
- blind 33
- circular 67
- conjugate 3
- contemporaneous 16, 43
- cross 97
- dip-slip 1
- footwall shortcut 114
- growth 16. 43
- listric 45
- main 55
- master 55
- normal 1
- primary 55

- reverse 1
- secondary 55
- step 55
- strike-slip 1
- subsidiary 55
- synthetic 55
- tear 97
- thrust 1
- transform 101
fault block 55
fault block rotation 44, 63
fault drag 83
fault trace 25
fault zone 1
flexural slip 89
flexure 83
footwall 1
footwall uplift 35, 70
graben 55
halfgraben 55, 87
hanging wall 1
hangingwall syncline 96
head 9
heave 1
horsetail 50
horst 55
inversion 110
joint 1
kink band 59
lacquer peel 19
layer-parallel strain 92
microcrack 31
monocline 50
null point 113
out-of-sequence thrust 116
palm-tree structure 114
pore pressure 11
ramp
- lateral 96
- oblique 96
ramp/flat geometry 95
reactivation 44
relay structure 96
reverse drag 28, 83
Riedel shears 101
rifting 14

rollover anticline 88
sandbox 18
shear fracture 3
termination 50
throw 1
toe 9
transfer zone 96

Strukturgeologie

Von *M. Mattauer*
Übersetzt von I. Hantrais-Unzog und W. Unzog
1993. XIV, 353 Seiten, 459 Einzelabbildungen,
kartoniert DM 78,–
ISBN 3 432 98111 2

Klüftung in Sedimentgesteinen

Erscheinungsformen, Datenaufnahme,
Datenbearbeitung, Interpretation
Von *D. Meier/P. Kronberg*
1989. X, 118 Seiten, 75 Abbildungen, kartoniert DM 44,–
ISBN 3 432 97461 2

Nordamerika

Von *G. H. Eisbacher*
1988. VIII, 176 Seiten, 65 Abbildungen, davon 4 farbig,
kartoniert DM 26,80
ISBN 3 432 96901 5
Geologie der Erde, Band 2

Tektonische und gefüge- analytische Arbeitsweisen

Graphische, rechnerische und statistische Verfahren
Von *E. Wallbrecher*
1986. X, 244 Seiten, 220 Abbildungen, 18 Tabellen,
kartoniert DM 49,80
ISBN 3 432 95671 1

Preisänderungen vorbehalten

Ferdinand Enke Verlag Stuttgart